PARCS ET JARDINS DE PARIS À PIED

MAIRIE DE PARIS

FFRandonnée
www.ffrandonnee.fr
association reconnue d'utilité publique
64, rue du Dessous-des-Berges
75013 PARIS

SOMMAIRE

Square des Batignolles. *Photo DPJEV.*

INFOS PRATIQUES p 6

PARCS ET JARDINS DE PARIS À PIED®

Rejoignez-nous et randonnez l'esprit libre
Pour mieux connaître la fédération, les adresses des associations de votre département, pour tout savoir sur l'actualité de la randonnée, pour adhérer ou découvrir la collection des topo-guides.
Tout sur www.ffrandonnee.fr
FFRandonnée
Création : Sarbacane Design

COMMENT UTILISER LE GUIDE ?

La promenade est reportée en rouge

Canards.

l'extrémité est ornée par une haute colonne. Rem
de l'autre côté de la grande pelouse. Après un cr
(toilettes), continuer à monter en passant près
séquoia, à proximité des bâtiments de la st
météorologique.
Suivre la grande allée parallèle au boulevard Jourda
Passer devant la mire du Sud qui indique (ave
certain décalage) le méridien de Paris, vena
l'Observatoire (la mire du Nord se trouve à Montr

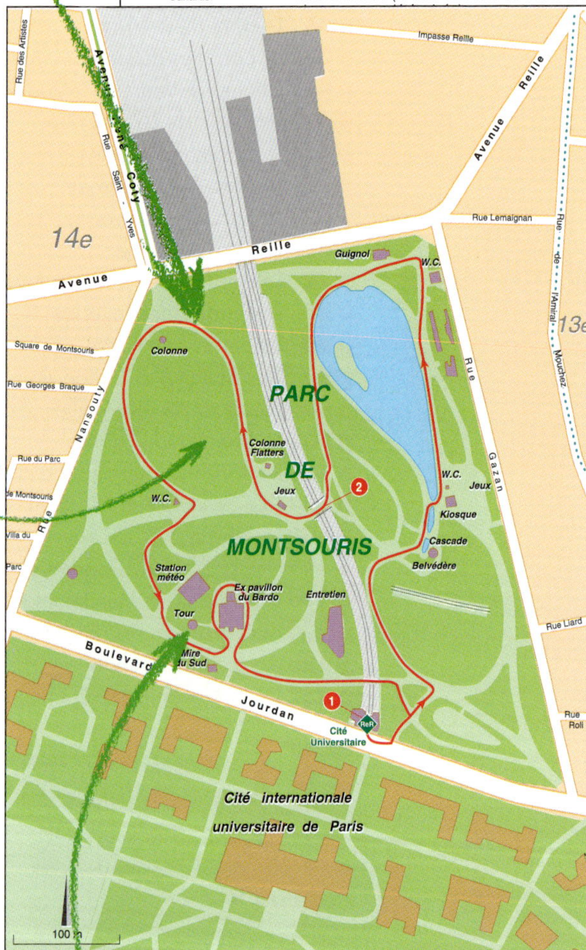

Espace vert

Monument

Fiche pratique

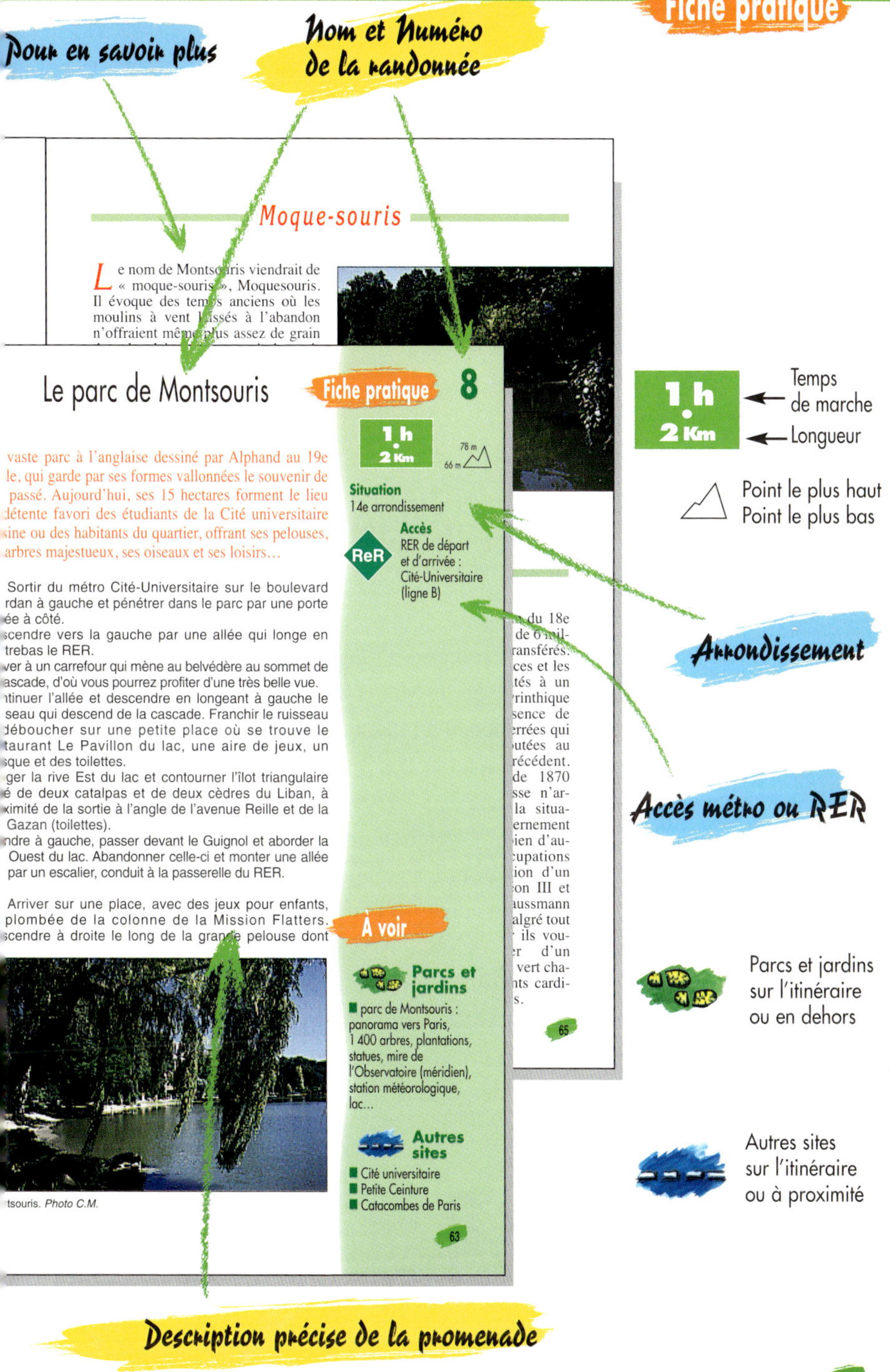

LA DIRECTION DES PARCS, JARDINS ET ESPACES VERTS DE LA MAIRIE DE PARIS

Section des visites de la DPJEV
1, avenue Gordon-Bennett 75016 Paris
Métro Porte-d'Auteuil (ligne 10) Bus 123 - 32 - 52 - PC
Tél. 01 40 71 75 60
Minitel 3615 PARIS
http://www.paris.france.org

Visiter les parcs, jardins et espaces verts

Plus de 500 visites vous sont proposées ! *Le Programme des visites guidées*, publié chaque année par la Mairie de Paris et la DPJEV, est disponible à la DPJEV, à l'accueil de l'Hôtel-de-Ville, à l'Office de tourisme de Paris et dans les mairies des 20 arrondissements.
Chaque visite dure en moyenne deux heures. Pour les individuels, pas d'inscription : il suffit de se présenter quinze minutes avant l'horaire indiqué sur le programme... Pour les groupes, les visites en anglais, les non-voyants et les malentendants, il faut réserver (Tél. 01 40 71 75 60).
La section des visites de la DPJEV propose aussi des conférences-projections à la Maison du Lac du parc de Bercy, en hiver.
D'avril à septembre, profitez des concerts gratuits de musique organisés dans les kiosques des jardins !

Découvrir l'horticulture et le jardinage

L'école d'horticulture Du Breuil

Tél. 01 53 66 14 00
Située dans le bois de Vincennes, elle forme jardiniers et paysagistes. Vous y découvrirez les floraisons au fil des saisons, une roseraie, un potager, un verger, un arboretum de 300 variétés d'arbres ! Elle propose aussi des cours théoriques et pratiques : potager, floriculture, arboriculture, etc. Chaque année au mois de mai, des journées portes ouvertes ont lieu.

Le jardin botanique des Serres d'Auteuil

Il vous propose des ateliers, des sorties sur le terrain et un cycle de conférences organisées par l'Association des amis de Bagatelle (Tél. 01 45 01 20 10).
On cultive encore 100 000 plantes dans les serres d'Auteuil, mais les serres modernes furent transférées entre 1968 et 1987 à Rungis, Fresnes et Achères qui produisent 3 millions de végétaux par an pour continuer à embellir Paris…
Pour visiter le Jardin des Serres d'Auteuil (Tél. 01 40 71 75 60), vous avez diverses possibilités : visite générale de mai à octobre, azalées et serres au printemps, arbres et arbustes en automne, orchidées et serres en hiver, etc.

Le centre horticole de la Mairie de Paris à Rungis

Il possède des installations ultramodernes : serres, carrés d'essai, machines à semer, etc. Pour le visiter, il faut réserver auprès de la DPJEV (Tél. 01 40 71 75 60).

LA NATURE A PARIS

Paris-Nature (Tél. 01 43 28 47 63)
Paris-Nature, le service de la Mairie de Paris chargé de l'éducation à l'environnement, s'attache depuis 1986 à faire l'inventaire des richesses naturelles de la capitale…

■ La Maison du Jardinage

Maison du Jardinage, parc de Bercy 41, rue Paul-Belmondo 75012 Paris (Tél. 01 53 46 19 19)

Ouverte tous les après-midis, sauf le lundi.
Toute l'année, elle propose des visites guidées et surtout des cours de jardinage les samedis-matins, sur inscription.

■ La Maison du Lac

(Renseignements Tél. 01 40 71 75 60)
Parc de Bercy, rue de l'Ambroisie.
Ouverte de 11 h à 18 h : mercredi, vendredi, samedi, dimanche.
Elle abrite des expositions temporaires consacrées aux métiers des jardins. Des conférences-projections sur l'art des jardins sont proposées de novembre à mars.

■ Le Chai de Bercy

(*Paris-Nature,* Tél. 01 43 28 47 63)
Rue Paul-Belmondo.
Ouvert de 13 h à 17 h d'octobre à mars, de 13 h à 18 h d'avril à septembre ; fermé le lundi.
Vous replongerez dans l'atmosphère des entrepôts vinicoles de Bercy et découvrirez diverses animations.

■ Maison de la Nature de Paris

Au parc Floral : Pavillon d'information, Bibliothèque-Ludothèque, Pavillon d'exposition, Jardin des Papillons
Parc floral de Paris 75012 Paris Tél. 01 43 28 47 63
Métro Château-de-Vincennes (ligne 1) Bus 112
Au Parc Floral de Paris, la maison Paris-Nature propose des renseignements sur les actions concernant la nature à Paris et en Ile-de-France. La biblio-ludothèque Nature met à la disposition du public des milliers de livres et de jeux sur les trésors de la nature et de la vie sauvage.
Des inventaires de la flore et de la faune de Paris ont été réalisés sur le terrain ; ils sont présentés à travers des expositions, des affiches et des guides *Sentiers-Nature*, disponibles gratuitement dans chaque mairie d'arrondissement.
Pour faire comprendre le fonctionnement de ces milieux naturels urbains, le

Jardin des papillons présente au Parc floral les liens étroits existant entre les papillons et certaines plantes appelées à tort mauvaises herbes.

Ferme de Paris

Route du Pesage, Bois de Vincennes 75012 Paris
RER Joinville-le-Pont Bus 112

Maison de l'Air du parc de Belleville

27, rue Piat 75020 Paris (Tél. 01 43 28 47 63)
Métro Pyrénées (ligne 11) ou Couronnes (ligne 2)
Ouverte de 13 h à 17 h d'octobre à mars, de 13 h 30 à 18 h d'avril à septembre.
La Maison de l'Air apprend aux enfants à juger de la qualité de l'air et à lutter contre la pollution. Un parcours pédagogique leur permet de s'instruire en s'amusant.

Jardin des Enfants

Jardin des Halles 75001 Paris
Ouvert du mardi au samedi et pendant les vacances scolaires.
Il propose des animations aux enfants de 7 à 11 ans : mondes fantastiques, forêt de bambous, chasse au trésor...

Maison des 5 Sens

Square Héloïse et Abélard 22, rue Pierre-Gourdault 75013 Paris
Elle sensibilise les enfants à la nature à travers le toucher, l'ouïe, l'odorat, la vue et le goût.

Jardin Naturel

120, rue de la Réunion 75020 Paris
Dans ce jardin abritant les plantes sauvages qui poussent à Paris, des activités pédagogiques sont proposées aux élèves.

Jardin sauvage Saint-Vincent

rue Saint-Vincent 75018 Paris
Métro Lamarck-Caulaincourt (ligne 12)
Visite sur rendez-vous auprès de Paris-Nature.

Association française d'apiculture

Parc Georges-Brassens, rue des Morillons 75015 Paris (Tél. 01 45 42 29 08)
Le rucher du parc Georges-Brassens a accueilli 30 000 enfants depuis sa création en 1986. Ils y apprennent le rôle des abeilles, l'essaimage, la pollinisation, le miel. L'association organise une vente de miel le premier samedi d'octobre.

ADRESSES DES PRINCIPAUX PARCS, JARDINS ET CIMETIÈRES PARISIENS

André-Citroën (parc)	quai André Citroën 75015 Paris	58-61
Arsenal (jardin)	bd de la Bastille 75012 Paris	99
Atlantique (jardin)	place des Cinq-Martyrs-du-Lycée-Buffon 75015 Paris	124-127
Bagatelle (parc)	bois de Boulogne 75016 Paris	139
Batignolles (cimetière)	8, rue Saint-Just 75017 Paris	88
Batignolles (square)	place Charles-Fillion 75017 Paris	86-89
Belleville (cimetière)	rue du Télégraphe 75020 Paris	118-123
Belleville (parc)	rue des Couronnes 75020 Paris	123
Bercy (parc)	41, rue Paul-Belmondo 75012 Paris	66-71
Butte-aux-Cailles	75013 Paris	90-95
Butte-du-Chapeau-Rouge (square)	68, bd Sérurier 75019 Paris	119-122
Buttes-Chaumont (parc)	place Armand-Carrel 75019 Paris	38-43
Champ-de-Mars (jardins)	75007 Paris	128-131
Champs-Elysées (jardins)	75008 Paris	72-75
Choisy (parc)	128-160, av. de Choisy 75013 Paris	90-95
Coulée verte	rue Vercingétorix-place de Catalogne 75014 Paris	124-127
Georges-Brassens (parc)	rue des Morillons 75015 Paris	124-127
Halles (jardin)	75001 Paris	112-117
Intendant (jardin de l')	Hôtel des Invalides 75007 Paris	128-131
Jardin des Plantes	57, rue Cuvier 75005 Paris	54-57
Jean XXIII (square)	75004 Paris	104-107
Kellermann (parc)	rue de la Poterne-des-Peupliers 75013 Paris	90-95
Louis XIII (square)	place des Vosges 75004 Paris	108-111
Louise-Michel	parvis du Sacré-Cœur 75018 Paris	80-85
Luxembourg (jardin)	75006 Paris	50-53
Marais (jardins)	75004 Paris	108-111
Ménagerie du Jardin des Plantes	57, rue Cuvier 75005 Paris	54-57
Monceau (parc)	bd de Courcelles 75008 Paris	86-89
Montmartre (cimetière du Nord)	20, av. Rachel 75018 Paris	85
Montparnasse (cimetière du Sud)	3, bd Edgar Quinet 75014 Paris	127

• La Fédération française de la randonnée pédestre
Le Centre d'information
Pour tout renseignement sur la randonnée pédestre en France et sur les activités de la Fédération
64, rue du Dessous-des-Berges, 75013 Paris
Tél. 01 44 89 93 93
Internet : www.ffrandonnee.fr

• Le Comité régional de la randonnée pédestre d'Ile-de-France
40, rue de Paradis 75010 Paris
Tél. 01 48 01 81 51

• Le Comité départemental de la randonnée pédestre
35, rue Piat, 75020 Paris
Tél./fax : 01 46 36 95 70

Serres d'Auteuil. *Photo DPJEV.*

îledeFrance

AGENCE DES ESPACES VERTS
DE LA REGION D'ILE DE FRANCE

L'AGENCE DES ESPACES VERTS DE LA REGION D'ÎLE-DE-FRANCE

Depuis 1979, l'Agence des Espaces Verts de la Région d'Ile-de-France apporte son concours financier à la création et à la réhabilitation des sentiers balisés conçus sous la responsabilité du Comité Régional de la Randonnée Pédestre d'Ile-de-France.

Plus de 2000 km de circuits pédestres, soit la moitié du réseau global régional ont ainsi été réalisés, franchissant les vallées, reliant la ville à la campagne et les grands espaces verts entre eux.

Aujourd'hui, les cheminements qui traversent la région ont pénétré dans la capitale. De rues calmes en sentiers verts, de fontaines ombragées en jardins historiques, des berges de la Seine aux confins des anciens villages, 132 km d'itinéraires permettent désormais de découvrir un autre Paris.

Amateurs d'art et d'histoire et amoureux de la nature seront séduits par ce programme, qui les conduira du Bois de Boulogne au Bois de Vincennes, de l'Ile de la Cité au Parc Montsouris, de la Place Clichy au cimetière du Père Lachaise, du Parc André-Citroën au Parc de Bercy...

La création d'itinéraires à travers la capitale est une initiative originale dans l'univers presque exclusivement forestier et campagnard de la randonnée. Gageons qu'elle saura donner le goût à tous, randonneurs avertis ou simples promeneurs, de partir à la rencontre de l'histoire de Paris et de ses jardins.

Le Président de l'Agence des Espaces Verts
de la Région d'Ile-de-France

Agence des Espaces Verts de la Région d'Ile-de-France
99, rue de l'Abbé-Groult - 75015 PARIS
Tél : 01 72 69 51 00 Fax : 01 45 33 11 48
www.aev-iledefrance.fr

Histoire des jardins parisiens

Jardin Catherine-Labouré. *Photo DPJEV.*

Le jardin clos du Moyen Age

Toujours clos, entouré de hauts murs, le jardin révélait le sens originel du mot « jardin » qui vient du gallo-romain *gardinium* (enclos). Les monastères, lieux clos par excellence, acccordaient un soin particulier à l'entretien de leurs jardins. Ils tenaient à préserver une richesse tant esthétique que spirituelle car le jardin symbolisait le Paradis, la rose représentait la Vierge, les fleurs évoquaient la vertu. L'ordonnancement des jardins, assez irrégulier, présentait toujours ces trois éléments : le jardin de plantes médicinales, le potager, le jardin d'agrément. Les arbres étaient disposés de manière anarchique mais l'aspect esthétique était privilégié. Un des jardins les plus célèbres du Moyen Age se situait près de Meaux : celui du moine Fiacre, qui devint le saint patron des jardiniers et que l'on célèbre toujours à la Saint-Fiacre, le 30 août. A Paris, on flânait dans les jardins des abbayes de Saint-Germain-des-Prés et du Pré-aux-Clercs. On retrouve plusieurs vestiges des jardins médiévaux à Paris : royaux (rue des Jardins-Saint-Paul, résidence du roi Charles V) ou religieux (couvent de la rue de Babylone), et un jardin d'inspiration médiévale, au musée de Cluny.

Le jardin raffiné de la Renaissance

Pour faire renaître les valeurs de l'Antiquité, les jardins prirent une tournure de plus en plus architecturale. Toujours entourés de hauts murs, ils étaient déjà constitués de parterres géométriques à la française. Les concepteurs faisaient preuve d'une fantaisie débordante. On vit fleurir des labyrinthes, des tunnels de végétaux, des jeux d'eau ingénieux, inspirés des systèmes du mathématicien grec Heron d'Alexandrie au 1er siècle dont certains fonctionnaient au passage des promeneurs dans le seul but de les arroser par surprise.

Le jardin ne servait plus de faire-valoir à la maison, il en faisait partie intégrante ou parfois la supplantait. La Villa d'Este, près de Rome, en est le meilleur exemple ; elle est célèbre pour ses jardins et ses fontaines plus que pour l'architecture de sa villa.

le robinier du Square R.-Viviani. *Photo DPJEV.*

La rigueur classique des jardins à la francaise

Les principes du jardin classique sont marqués par l'unité, l'harmonie, la symétrie, l'ordre, la grandeur et la démesure. L'échelle est monumentale, car elle caractérise le pouvoir royal de l'époque.

Le tracé est établi selon un grand axe perceptible d'un seul coup d'œil. Les lignes ont des formes géométriques simples, matérialisées par des plantations régulières. Les végétaux sont taillés et marquent la maîtrise du maître. Malgré la simplicité des tracés, la fantaisie se traduit par l'extravagance des topiaires (végétaux taillés) qui jalonnent toutes les promenades du jardin.

Le paysagiste de référence de cette époque est André Le Nôtre. Il adopta un style qui dépassa les frontières du royaume de France, jusqu'à la Chine et la Russie !

Jardin des Plantes. *Photo C.M.*

Le Jardin des Plantes et la botanique

Les collections de plantes et d'arbres s'enrichirent toujours plus grâce à Louis XIV qui contribua à l'essor du Jardin des Plantes, créé sous Louis XIII par le jardinier du roi Guy de la Brosse, pour les étudiants en médecine et les apothicaires ! Les plus vieux arbres de Paris sont des robiniers, plantés en 1601 par le naturaliste Robin. Au 18e siècle, celui des grands voyages naturalistes, Buffon fut intendant du Jardin des Plantes pendant cinquante ans : il en fit les principales plantations.

On découvrit alors les glycines, les œillets, les asters et autres nouvelles fleurs qui envahissaient les pages des multiples cahiers de dessin des botanistes. A l'époque classique, on créa des jardins d'hôpitaux : la Salpêtrière, l'abbaye du Val-de-Grâce et l'Hôtel-Dieu.

Jardin de l'Intendant. *Photo C.M.*

Le Nôtre, l'architecte-paysager classique

Ses armoiries étaient : 1 chou, 1 bêche, 1 râteau ! Le grand maître du jardin à la française inspira les jardins royaux à la géométrie rigoureuse : Tuileries, jardin de l'Intendant aux Invalides, « maisons aux champs » devenues châteaux comme Vaux-le-Vicomte en 1656 pour le surintendant Fouquet, Versailles pour le roi Louis XIV, Saint-Germain, Marly, Chantilly... Il créa de vastes perspectives et de nouveaux espaces comme le Cours-la-Reine en 1670. André Le Nôtre, né rue Saint-Honoré, fut baptisé le 12 mars 1613 à l'église Saint-Roch. De grand-père et de père jardiniers royaux, il fit son apprentissage en ratissant les allées des Tuileries : il en dessina les terrasses donnant sur la Seine ou sur la campagne et entretiendra les Tuileries toute sa vie. En 1643, il fut nommé dessinateur des jardins royaux et excella dans l'art classique des parterres : symétrie, grande

Parc de Monceau. *Photo DPJEV.*

allée, lignes droites, carrés, rectangles. A Paris, Le Nôtre s'illustra particulièrement dans les terrasses du Luxembourg, du Val-de-Grâce et des Tuileries.

La fantaisie des jardins à l'anglaise du 18e siècle

En réaction à l'extrême rigorisme des jardins à la française, les Anglais adoptèrent un style paysager plus libre.

Les écrivains tels que Jean-Jacques Rousseau, qui prônait un retour à la nature, n'y furent pas étrangers. La nature, interprétée par les peintres classiques comme Nicolas Poussin ou Le Lorrain, était empreinte d'un onirisme qui a également influencé les paysagistes de l'époque, surtout en France.

Ils inventaient des paysages théâtraux que l'on a rapidement retrouvés dans les jardins. Les commerçants ou les missionnaires jésuites qui revenaient de Chine rapportèrent des images de pagodes chinoises. Les copies du temple de la Sibylle de Tivoli poussèrent comme des champignons dans les parcs des nobles.

Ces édifices étaient qualifiés de « fabriques ». Ce terme de peinture fut utilisé ensuite pour désigner les petites constructions étranges ou exotiques qui parsemaient les jardins, invitant le promeneur à voyager dans le temps. C'est ainsi que des fabriques ornent encore aujourd'hui certains parcs comme celui de Monceau.

Père-Lachaise. *Photo DPJEV.*

Romantisme des Buttes-Chaumont.
Photo DPJEV.

Le tracé des jardins restait assez régulier, mais les allées se faisaient plus tortueuses, la végétation plus folle. On choisissait des arbres aux lignes biscornues ; tout était pensé avec soin, car on pensait que le jardin pouvait influencer l'humeur. L'embellissement de la nature devait permettre à l'homme d'accéder à une nouvelle liberté de pensée et de conscience.

Cimetières-jardins

Accessibles au public, les premiers cimetières paysagers apparurent avec le Père-Lachaise (5000 arbres sur 44 hectares) en 1804, puis avec ceux de Montparnasse et de Montmartre. Loin de l'image des cimetières traditionnels (du latin *coemeterium* : lieu où l'on dort), qui à l'origine n'étaient que de simples fosses communes, ce nouveau style de cimetière reprenait les principes des Grecs de l'Antiquité, dont les cimetières étaient déjà arborés. Au Moyen Age, les morts restaient parmi nous, au cœur de la ville, comme le cimetière des Innocents aux Halles. Pour des raisons d'hygiène et de mortalité, on transporta le cimetière extra-muros : au 18e siècle, on ferma 200 sépultures parisiennes et les ossements de 6 millions de Parisiens se retrouvèrent dans les carrières de Montrouge (catacombes). On ouvrit des cimetières hors du mur d'octroi de l'enceinte des Fermiers Généraux, dans des communes alors périphériques : Vaugirard en 1787, Auteuil en 1800, Belleville en 1808, Bercy (pour les pinardiers et tonneliers) en 1816, Passy en 1820, la Villette en 1828, Grenelle en 1830, les Batignolles en 1833…

Square Jean XXIII. *Photo DPJEV.*

19e siècle : l'art du jardin se démocratise

Buttes-Chaumont. *Photo DPJEV.*

Ce siècle du progrès est marqué par son éclectisme. On réunissait en un même lieu des styles d'époques et de pays radicalement différents. Une variété incalculable de plantes était désormais à la disposition de tous et on les associait parfois sans aucune logique, ni botanique, ni esthétique, d'autant plus que chacun pouvait s'improviser botaniste grâce à la profusion de manuels publiés. La vente de graines était devenue monnaie courante. L'invention de la tondeuse à gazon en 1830 accentua encore cette démocratisation du jardinage, ce qui entraîna l'apparition d'une multitude de jardins privés.

Parcs, jardins et promenades publiques regorgeaient alors de fleurs de toutes les couleurs. Les jardins se faisaient plus sauvages, en réaction à l'industrialisation. Une notion nouvelle d'architecte-paysagiste fut introduite. On assista à la naissance d'un style inédit de composition florale : la mosaïculture.
Le premier jardin populaire fut celui du Luxembourg : œuvre de l'architecte Chalgrin (1801), il ouvrait la perspective sur les jardins de l'Observatoire et lançait des idées nouvelles : un verger-école (ruches et apiculture), les statues des reines de France pour instruire le peuple et un kiosque à musique (Garnier, 1879).
Le premier square de Paris (1844) fut aménagé entre Notre-Dame et la Seine par le préfet Rambuteau : un quadrilatère planté d'arbres et des bancs pour les promeneurs au square de l'Archevêché, nommé depuis Jean XXIII.

Le second Empire : les aménagements de Napoléon III et d'Haussmann
Les jardins étaient déjà considérés en Angleterre comme un moyen de réforme sociale. Napoléon III reprit cette idée à son compte, désirant faire des jardins de la capitale un symbole d'harmonie sociale, un lieu où toutes les couches de la société se mêleraient sans distinction.
Le second Empire fit aménager deux bois : entre 1852 et 1855, le bois de Boulogne (modèle des parcs paysagers anglais que Napoléon III découvrit en exil à Londres); entre 1857 et 1860, le bois de Vincennes (que l'on surnommait « la forêt du peuple »). En 1860, Paris était formée de 20 arrondissements par l'annexion de 11 villages périphériques. L'empereur décida de créer un espace vert à chaque point cardinal. On entreprit alors la création des premiers parcs de proximité : Monceau (inauguration en 1861), Buttes-Chaumont (inauguration pour l'Exposition universelle de 1867), Montsouris (achèvement en 1878). Les grands travaux d'embellissement et d'assainissement avaient pour but de renforcer le prestige impérial, mais aussi de détruire des quartiers insalubres de Paris qui constituaient les principaux foyers révolutionnaires. La rénovation fut l'œuvre du baron Georges Eugène Haussmann, préfet de la Seine : percement des grandes voies de la capitale dont la rue de Rivoli et la place de l'Etoile, construction des Halles centrales, destruction du Paris médiéval mais aussi 600 km d'égouts et 900 km de trottoirs ! Pour les espaces verts, Haussmann confia cette réalisation à deux de ses anciens collaborateurs bordelais : l'ingénieur Alphand et le paysagiste Barillet-Deschamps.

Canna. *Photo DPJEV.*

Alphand, le paysagiste de Paris : 2 bois, 3 parcs, 24 jardins
Pour la première fois, un Service des promenades et des plantations, l'ancêtre de l'actuelle Direction des Parcs, Jardins et Espaces Verts, fut créé, en 1854, sous la responsabilité de l'ingénieur Jean-Charles Alphand. Ce polytechnicien de 37 ans fut également chargé de l'aménagement des bois de Boulogne et de Vincennes. Il traça les Champs-Elysées en 1858 et réalisa 24 jardins : square Montholon (1863), square du Temple (1865)...

De l'eau potable

Au 19e siècle, il y avait 30 000 puits à Paris ! Seuls subsistent ceux du musée de Cluny, de l'église Saint-Julien-le-Pauvre, du Caveau de la place Dauphine, du musée du Vin à Passy. Le réseau souterrain des égouts (décision prise après l'épidémie de choléra) conserve son schéma de 1853 mais ses bateaux-vannes suivent maintenant un chemin jusqu'aux stations d'épuration. L'eau potable était amenée par des aqueducs jusqu'aux réservoirs ; celui de Montsouris (1874) alimente toujours Paris : 4 hectares de bassins souterrains produisent 200 millions de litres d'eau.

Jardin des Serres d'Auteuil. *Photo DPJEV.*

Horticulture, Fleuriste municipal et Serres d'Auteuil

En 1827, fut créée la première association : la Société nationale d'horticulture de Paris, devenue SNHF, association reconnue d'utilité publique. Le 19e siècle vit la vogue des jardins d'hiver et des grandes serres, en fer et en verre, comme les serres chaudes du Jardin des Plantes qui datent de 1856. L'architecte en chef du Service des promenades et plantations de Paris, Jean-Camille Formigé, conçut sur l'emplacement du jardin botanique de Louis XV les serres d'Auteuil, entre 1895 et 1898. Grâce à ses trois pépinières, le Fleuriste municipal fournissait plantes et arbres de la Ville de Paris.

En 1933, la Charte d'Athènes fut un tournant dans l'histoire des jardins en introduisant la notion de « ville verte ». On ne devait plus créer des espaces verts autour des bâtiments, c'étaient les espaces verts qui devaient accueillir les écoles, les bâtiments publics et surtout les activités sportives. La conception moderne du jardin en faisait un équipement et non plus une œuvre d'art. Cette vision un peu caricaturale a perduré jusqu'à nos jours, prenant des formes plus souples et nettement plus poétiques ! C'est ainsi que les jardins de proximité ont continué à se multiplier. Le rôle social du jardin s'est accentué. Le mouvement de création de jardins ouvriers, apparu à la fin du 19e siècle, a pris une grande ampleur. En 1942, les tickets de rationnement prévoyaient un quota de graines, mais à la condition que le demandeur ait fait preuve de rigueur morale ! Le jardinage était considéré comme l'un des meilleurs remèdes contre l'alcoolisme.

Le style Art déco marqua de nombreux jardins à Paris : Cité-Universitaire dans l'esprit des cités-jardins (1922), Butte-du-Chapeau-Rouge (1939)…

Créer des espaces verts à Paris

Parc Georges-Brassens. *Photo DPJEV.*

Le 17e siècle fut celui des jardins à la française, le 18e celui des jardins à l'anglaise, le 19e siècle celui de l'éclectisme… et le 20e siècle ? Les jardins sont à la fois réguliers et irréguliers, denses et épurés ; ils reflètent les multiples facettes de notre société et de nos villes. L'amélioration du cadre de vie est aujourd'hui un souci permanent.

Retour à la nature

Le 20e siècle est celui du retour à la nature, ce qui a entraîné la création de « jardins naturels », que 29 % des Français préfèrent, comme le charmant Jardin Naturel du 20e arrondissement. On a retrouvé des variétés de plantes oubliées de notre bitume aseptisé, des fleurs sauvages, indigènes, folles. On tente de préserver la nature, après qu'elle eut été fragilisée par les excès de l'homme, en sauvegardant des espèces, en recréant ou restaurant des jardins historiques comme les Serres d'Auteuil, les arènes de Lutèce, les jardins du Marais et de Saint-Germain-des-Prés…

Des sites chargés d'histoire ont servi d'écrin à de nouveaux jardins depuis une vingtaine d'années. On préserve le patrimoine, par exemple certains bâtiments des abattoirs de Vaugirard ou de la Villette. Les concepteurs maintiennent ou recréent les traces du passé, comme les vignes du parc de Bercy ou du parc Georges-Brassens. On retrouve l'art des cascades avec la plus grande fontaine en cascade de Paris, au parc de Belleville : 100 m de long !

Dans les années 1970, est apparue la notion de « jardin en mouvement », où les plantes se développent librement. Elle nous a valu une partie du très beau parc André-Citroën : parc de la perspective et de la symbolique. On retrouve même le béton sur la dalle Atlantique et le viaduc du chemin de fer sur la Promenade Plantée. Partout, de nouveaux espaces verts se créent dans Paris…

Le jardinage : une passion française

Aujourd'hui en France, près de 800 manifestations par an sont consacrées à l'art du jardin, dont les Journées des Plantes de Saint-Jean-de-Beauregard et de Courson. Les revues sur les jardins se sont multipliées. Les 12 millions de foyers qui jardinent dépensent en moyenne 1 800 F par an pour leur passion. Les expositions sur le thème des plantes drainent les foules. Le nombre de jardins privés a doublé en trente ans ; 7 Français sur 10 s'adonnent régulièrement au jardinage !

Promenade Plantée.*Photo DPJEV.*

Les besoins des habitants sont ainsi de plus en plus pris en compte. On aménage des aires de jeux pour les plus petits, des aires de repos pour les plus grands. La présence des jardiniers permet un dialogue direct avec le public; ce contact est facilité par des manifestations comme la **Fête des jardins de Paris**, qui a lieu chaque année au mois de septembre; en 1998, il y eut 120 000 participants. Les Parisiens n'hésitent plus, lors de concertations pour l'aménagement d'un site, à revendiquer la création d'un espace vert comme un droit élémentaire. En 1999, à Paris, le Comité des Usagers des Jardins a été créé dans cette optique. Les plans d'urbanisme prévoient des espaces verts dans la moindre cour d'immeuble.

Les poumons verts de la capitale

Pour la seule ville de Paris, on recense 3000 hectares d'espaces verts. La Direction des Parcs, Jardins et Espaces Verts emploie 3833 agents (jardiniers, bûcherons, surveillants…) pour l'entretien de ses 426 parcs, jardins et promenades. 486000 arbres poussent à Paris dont 90000 en plantations d'alignement, 70000 dans les espaces verts et cimetières, 6000 dans les cours d'école. Le patrimoine naturel parisien s'est enrichi de 171 jardins en 20 ans; en 1999, de nombreux espaces verts ont vu le jour : Dessous-des-Berges (13e), Moulin des Trois-Cornets (14e), Ernest-Chausson (17e), mail Claude-Bernard (19e)…

Cette croissance spectaculaire a été rendue possible grâce à l'intérêt grandissant du public.

Les chiffres parlent d'eux-mêmes : en 1998, les 500 visites guidées organisées dans les jardins de Paris ont accueilli près de 32000 visiteurs, alors qu'en 1988 on n'en comptait que 500. Elles incluent les visites dans les cimetières parisiens, lieux de la mémoire collective, qui attirent un nombre important de curieux : 2 millions de visiteurs par an au Père-Lachaise !

Tout un programme de mise en valeur de la Seine a aussi été entrepris : promenades sur les berges (bientôt 12 km), création de passerelles (Solférino des Tuileries à Orsay, puis celle de Bercy à la Bibliothèque nationale de France François-Mitterand), rénovation de fontaines (Saint-Michel), restauration de ponts (Pont-Neuf) et de quais, classés au Patrimoine mondial de l'Unesco !

Parc de Bercy.*Photo DPJEV.*

Faune et flore de Paris

Moineau domestique. *Photo N.V.*

« A Paris, quand un arbre fleurit, ça fait pendant des jours... » Comme le dit la chanson de Francis Lemarque, la nature a réussi à se faire une petite place dans notre belle capitale. Elle n'est peut-être pas digne de l'intérêt de grands naturalistes, mais elle est suffisamment diversifiée pour gagner à être connue et reconnue.

Paris peut apparaître comme un vaste espace minéral. Mais pour les plus attentifs, la ville est émaillée de jardins, d'avenues bordées d'arbres et de parterres qui constituent un « maillage vert » où toute une faune circule, se repose, mange ou niche.

Les oiseaux ont envahi Paris !

Geai des chênes. *Photo N.V.*

Ils ont su exploiter la ville dans toutes ses dimensions. Les oiseaux ont trouvé dans le tissu urbain des conditions de vie proches de celles de leur milieu naturel. Pour certains, les immeubles constituent des falaises, pour d'autres les bois remplacent une forêt et les jardins un bocage... le tout avec table ouverte à l'abri des proies.

Ainsi une centaine d'espèces différentes d'oiseaux fréquente Paris et une cinquantaine niche dans la capitale. Du minuscule troglodyte mignon, pesant quelques grammes, à l'imposante corneille noire, atteignant presque un mètre d'envergure, toutes les tailles sont représentées... Le promeneur parisien croise quotidiennement les classiques pigeons bisets et les moineaux domestiques, des pigeons ramiers (la fameuse palombe du Sud-Ouest), des merles sautillant sur les pelouses, des pies jacassant au sommet des arbres, des mésanges bleues ou charbonnières dévorant les chenilles au printemps. L'été, les cortèges d'hirondelles et de martinets donnent la chasse aux insectes.

Faucon crécerelle. *Photo N.V.*

Les geais des chênes, les piverts, les chouettes hulottes, les hérons cendrés, les faucons crécerelles et les cormorans sont moins visibles mais aussi présents à Paris.

Toutes les saisons sont propices à l'observation des oiseaux. Choisissez cependant de préférence le matin tôt ou le soir car ils font preuve d'une grande activité et sont beaucoup moins farouches. Les sites où vous aurez la chance de voir le plus grand nombre d'oiseaux sont le parc des Buttes-Chaumont, le parc Montsouris, le cimetière du Père-Lachaise, le jardin du Luxembourg et le Jardin des Plantes. Munissez-vous d'une paire de jumelles et le tour est presque joué. Il faudra un minimum de patience... mais Paris compte 110 espèces d'oiseaux, ce qui vous laisse bon espoir !

Papillon sur buddleia. *Photo N.V.*

Une vingtaine de mammifères

Les surmulots jouent bien leur rôle d'éboueurs auxiliaires dans la capitale. Ils côtoient d'autres rongeurs, des souris, des campagnols, des lapins qui peuvent à l'occasion tomber sous la dent de dame Fouine ou maître Goupil. Des renards sont en effet présents autour de Paris et peuvent y faire quelques incursions mais rassurez-vous, la rage est éradiquée. Les soirs d'été, il n'est pas rare de voir voleter des chauves-souris se gavant d'insectes, autour des réverbères ; il en existe cinq espèces différentes.

Une eau pleine de vie

L'eau est présente au cœur de la ville. La Seine abrite à Paris plus d'une vingtaine d'espèces de poissons. Depuis la fin des années 1970, avec l'efficacité des systèmes d'épuration, la qualité de l'eau s'est beaucoup améliorée. Observez bien l'eau ; vous verrez peut-être sauter un sandre ou frétiller une anguille. Bassins et mares des jardins accueillent des grenouilles ou des tritons, voire le curieux petit crapaud accoucheur.
Vous verrez sur la Seine des cygnes tuberculés, des canards colverts, le fuligule morillon, la mouette rieuse et même des goélands argentés, surtout de l'automne au printemps.

Flore libre

La diversité de la flore est grande. Paris est un carrefour où se croisent les plantes sauvages du Bassin Parisien et les plantes des jardins, souvent introduites d'autres continents, ainsi qu'un grand nombre d'herbes folles venant de loin et remarquablement adaptées au milieu urbain.

Canard colvert. *Photo N.V.*

Abeille sur fleur de trèfle. *Photo N.V.*

Le buddleia et autres chinois

L'arbre aux papillons, ou buddléia, est un exemple caractéristique de cette catégorie de flore d'origine lointaine. Importé avec de grandes précautions des falaises et des rochers de Chine, il a trouvé sur les vieux murs et dans les fissures son biotope, un milieu biologique offrant des conditions de vie relativement stables, qui ressemblait singulièrement à ses cailloux d'origine. Le buddleia est depuis une espèce pionnière des terrains vagues de Paris. L'ailante a fait de même. Planté en alignements le long des rues, puis abandonné à cause de la forte odeur de ses fleurs, il vit en liberté dans les cours intérieures et aux abords du boulevard périphérique. Venu avec lui de Chine, le bombyx de l'ailante, un spectaculaire papillon nocturne, hante toujours les nuits d'été de la capitale.

Parmi les plantes herbacées, les invitées des autres continents sont nombreuses. L'onagre aux grandes fleurs jaunes, dont chacune ne s'ouvre qu'une journée, nous vient d'Amérique du Nord. L'impatience à petites fleurs arrive d'Asie, comme l'impatience Balfouri. La galinsoga, en provenance d'Amérique du Sud, s'est aussi introduite en s'échappant des jardins botaniques.

Hêtre. *Photo DPJEV.*

Plantes des murs et des berges

Dès que les murs en pierre calcaire ou en meulière sont un peu humides et fissurés, ils accueillent une végétation pittoresque digne des vieux villages d'Ile-de-France. Les fougères (polypode, rue-des-murailles ou capillaire) peuvent être très abondantes. La ruine-de-Rome, divers sédums, ou le saxifrage à trois doigts redonnent vie aux lieux les plus arides.

Les berges de la Seine reçoivent de nombreux habitants des cours d'eau et des zones humides. C'est ainsi que l'on peut identifier la salicaire, l'eupatoire, la scutellaire, quelques joncs et carex, ainsi que des semis d'arbres, dont les graines arrivent avec le courant, comme celles des saules et des aulnes.

Plantes des jardins et des pelouses

Dans les jardins, l'écologie de la flore sauvage est liée au voisinage de l'homme (mouron, ortie, armoise, lamier, chélidoine, mauve sylvestre, vergerette, oseille, matricaire) et souvent adaptée à l'ombre portée par les immeubles ou le couvert des arbustes.

Regardons de plus près les gazons des parcs et des squares. Dès que le printemps arrive, que les tontes commencent à s'espacer, on découvre toute une petite flore qui n'est pas seulement composée de graminées : véroniques, pâquerettes, petits géraniums et érodiums, renoncules, lamiers s'épanouissent secrètement, pour le bonheur des abeilles, bourdons, fourmis et autres insectes…

Paon-du-jour. *Photo N.V.*

Des plantes voyageuses

Paris bénéficie, pour sa flore comme pour sa faune, de couloirs d'entrée privilégiés : la Seine et les canaux d'une part, les voies ferrées liées à la ligne désaffectée de la Petite Ceinture d'autre part. La capitale échange ainsi ses richesses biologiques avec l'extérieur. Elle est en perpétuel changement.

Du plus petit au plus gros

Si le milieu naturel parisien est composé d'une vie animale et végétale variée, c'est grâce à un équilibre qu'il faut savoir préserver. Le paon-du-jour est un papillon qui a besoin qu'on laisse à ses chenilles des orties pour se développer. Il faut savoir respecter chaque maillon de la chaîne pour préserver ce patrimoine naturel fragile.

Pâquerettes. *Photo N.V.*

Cimetière du Père Lachaise
20e
11e
Gambetta
Place Gambetta
Mairie du XXe
Avenue Gambetta
Square S. de Champlain
Place Auguste Métivier
Père Lachaise
Bd de Ménilmontant
Avenue du Père Lachaise
Avenue de l'ouest
Avenue des Thuyas
Av. des Combattants étrangers
Columbarium
Avenue de la Chapelle
Chapelle
Avenue latérale nord
Monument aux Morts
Av. Principale
Avenue latérale sud
Carrefour du Grand-Rond
Av. Casimir Périer
Avenue transversale n°1
Avenue transversale n°2
Avenue transversale n°3
Chemin Monvoisin
Avenue des Acacias
Chemin Serré
Avenue Circulaire
Monuments de la déportation
Porte de la Réunion
Chap. N.-D. du perpétuel Secours
Philippe Auguste
Boulevard de Charonne
Avenue Philippe Auguste
Alexandre Dumas
Rue de Charonne
Lycée tech. Dorian
Rue de la Roquette
Rue du Repos
Rue Pierre Bayle
Rue Lespagnol
Rue de Mont Louis
Rue de la Folie-Regnault
Pas. de la Folie Regnault
Imp. d'Aunay
Rue des Amandiers
Rue des Panoyaux
Rue des Platrières
Rue Delaître
Rue Max Ernst
Rue L. N. Clérambault
Rue des Cendriers
Rue de Tlemcen
Rue Duris
Pas. Duris
Rue Jacques Prévert
Rue Houdart
Rue Fernand Léger
Rue Robineau
Rue Désirée
Rue des Mûriers
Rue Raoul Dufy
Place Henri Matisse
Rue Soleillet
Rue des Partants
Rue Sorbier
Rue de la Bidassoa
Rue Juillet
Rue Laurence Savart
Retrait
Rue d'Annam
Rue Villiers de l'Isle Adam
Rue Orfila
Cité des Écoles
Place Martin Nadaud
Rue des Pyrénées
Imp. Boussard
Rue du Cambodge
Rue des Gâtines
Rue du Japon
Rue Dupont
Villa Soucher
Pas. des Rondeaux
Rue Malte Brun
Rue Émile Landrin
Rue des Rondonneaux
Rue des Rondeaux
Rue Ramus
Rue Achille
Rue Eugène Legrand
Rue Charles Renouvier
Rue de Bagnolet
Rue Ligner
Villa Riberolle
Cité Aubry
Rue des Orteaux
Imp. des Orteaux
Rue de Lesseps
Rue de Monte Cristo
Rue Alexandre Dumas
Rue Neuve des Boulets
Rue de la Petite Pierre
Rue de Nice
Cité du Landier
Rue Émile Lepeu
Passage Courtois
Rue Robert et Sonia Delaunay
Passage du Bureau
Imp. Joudrier
Rue de la Croix Saint-Simon
Rue des Vignoles
Rue de Terre Neuve
100 m
1
2
4

Le cimetière du Père-Lachaise

Fiche pratique 1

2 h
3,5 Km

97 m
59 m

Situation
20e arrondissement

Dénivelés marqués au départ. Gros pavés à joints profonds nécessitant d'être bien chaussé.

M métro de départ et d'arrivée : Père-Lachaise (lignes 2, 3)

Ses 44 hectares et ses 5300 arbres en font le plus grand espace vert de Paris ! Chaque année, 2 millions de personnes franchissent les grilles du Père-Lachaise, aussi bien des promeneurs attirés par la beauté romantique du jardin que les passionnés qui veulent savourer quelques instants d'intimité avec leurs idoles de la littérature, la peinture ou la musique. Les paysagistes trouvent une source d'inspiration intarissable dans ce mélange original de jardin à la française et de jardin à l'anglaise, dans ces petits chemins creux aux noms évocateurs.

❶ Sortir du métro Père-Lachaise et emprunter le boulevard de Ménilmontant.
Entrer par le grand portail. *À proximité : accueil, toilettes, librairie.*
Remonter l'avenue principale jusqu'au monument aux morts, en passant devant la tombe d'Alfred de Musset. Passer devant le monument aux morts (d'Albert Bartholomé), puis monter jusqu'à la chapelle (de Godde, 1823), près de la majestueuse sépulture d'Adolphe Thiers de même importance. C'est le lieu où se trouvait la maison de repos des jésuites, détruite en 1820.
Prendre à droite et arriver au rond-point Casimir-Périer, mort du choléra en 1832, au centre duquel se trouve sa statue.
Descendre à droite l'avenue Casimir-Périer et, juste après le chemin Serré, trouver à gauche entre les tombes le chemin Héloïse et Abélard, qui conduit au mausolée néo-gothique des amants célèbres (derrière un double houx). Revenir sur l'avenue et remonter pour prendre à droite le chemin Serré (sépulture de Francis

Cimetière du Père-Lachaise. *Photo DPJEV.*

À voir

Parcs et jardins

- cimetière du Père-Lachaise : tombes des célébrités, monument aux morts, mur des Fédérés, crématorium-columbarium
- square Edouard-Vaillant
- jardin Samuel-de-Champlain
- jardin des Mûriers
- jardin Naturel
- square Séverine
- petits jardins de Charonne

Autres sites

- place Gambetta
- église Notre-Dame-du-Perpétuel-Secours

Tombe de Kellermann.
Photo C.M.

Poulenc) puis à gauche le chemin Grammond (Ferdinand de Lesseps) et à gauche le chemin de Lesseps qui ramène au rond-point (Monge, Raspail, Champollion). Prendre à droite l'avenue des Acacias ; à la fin de la courbe, après un obélisque (Mars et Artes), se voit à gauche la tombe de Kellermann et juste après, un escalier dédoublé escalade la pente et arrive chemin des Chèvres en contrebas de l'impressionnant mausolée Demidoff. Prendre à droite cet étroit sentier et dès que possible, rejoindre le chemin du Dragon parallèle et le prendre à gauche (un majestueux hêtre pourpre en bordure a recouvert de sa base des pierres tombales.).
Décrire un «Z» par les chemins Monvoisin à droite puis Camille Jordan à gauche. Ce dernier devient chemin Molière et La Fontaine, qui laisse voir (en surplomb à droite) les modestes cénotaphes dédiés à ces grands hommes. Juste après, prendre à droite à la fourche le chemin Laplace, qui rejoint sur le plateau l'avenue Transversale n°1. La prendre à droite. Cette dernière devient l'avenue des Acacias, qui vire à droite (35ᵉ division). Prendre à gauche, à la limite 35ᵉ/36ᵉ divisions, le chemin Abadie, qui débouche sur l'avenue Transversale n°2, face à la sortie dite porte de la Réunion.

❷ Poursuivre par l'avenue Circulaire et arriver dans l'angle Est, au mur des Fédérés. Ce lieu n'est pas l'endroit historique, qui est à l'autre extrémité du cimetière *(voir page 33)*. Tout cet espace est consacré aux tombes des dirigeants du Parti communiste et aux monuments commémoratifs des camps de déportation.

❸ Continuer sur l'avenue Circulaire et prendre à gauche l'avenue Pacthod qui remonte jusqu'à l'avenue Transversale n° 3. Là, prendre à droite jusqu'au crématorium-columbarium, construit par Formigé et mis en activité en 1889. Un vaste cloître entoure le crématorium de style néobyzantin avec son dôme et ses deux cheminées. C'est le point le plus élevé du cimetière. Traverser en sous-sol le columbarium, réparti sur plusieurs niveaux, et contenant 25 000 places... Un émouvant monument dû à Landowski décore ces lieux.
Ressortir par l'avenue des Combattants-Étrangers à gauche, jusqu'à l'avenue Transversale n° 1. Prendre celle-ci à droite jusqu'à un gigantesque monument conique.
Descendre (statue de Balzac) jusqu'au rond-point des Travailleurs-Municipaux (monument) puis remonter à droite ; par l'avenue des Thuyas et l'avenue Transversale n° 2 retrouver l'angle du columbarium.
Prendre à gauche l'avenue des Combattants-Etrangers, bordée de nombreux monuments commémoratifs, et aboutir à la porte Gambetta *(toilettes)*.

Monument funéraire.
Photo C.M.

❹ Sortir sur la rue des Rondeaux.
De ce point, il est facile d'atteindre la place Gambetta *(métro)* et sa fontaine moderne, où s'élève la mairie du 20e. Aller visiter le beau **square Edouard-Vaillant** (8 085 m²), situé entre la mairie et l'hôpital Tenon. Il est orné de nombreux arbres dont un magnolia et d'un kiosque à musique. Ensuite, revenir rue des Rondeaux.
Sinon, sorti du cimetière, prendre la rue des Rondeaux à gauche.

Photo C.M.

Tourner à gauche dans l'avenue Gambetta (métro) et entrer immédiatement dans le **jardin Samuel-de-Champlain**. D'une superficie de 1,3 hectare, il occupe la pente Nord du cimetière du Père-Lachaise qui forme ici une butte. C'est une étroite bande longitudinale située entre le mur Nord du cimetière et l'avenue Gambetta.
Traverser le square par l'allée supérieure, plus isolée du bruit de l'avenue, et descendre vers le boulevard. Presque à son extrémité, passer devant l'impressionnant monument de Paul Moreau-Vauthier édifié sur les pierres authentiques du mur à l'endroit historique de la fusillade qui mit fin à la Commune.
Arriver à la place Auguste-Métivier sur le boulevard de Ménilmontant, retrouver le métro ❶.

Photo C.M.

La colline du père La Chaise

Columbarium. *Photo DPJEV.*

Etabli sur la pente de la colline de Ménilmontant-Charonne, ce lieu a une longue histoire. Au 17e siècle, des terrains agricoles s'y étendaient à perte de vue. Propriété de l'évêque de Paris, il prit naturellement le nom de Champ-l'Evêque. C'est à cet endroit que se situerait la rencontre de saint Germain l'Auxerrois avec sainte Geneviève. Les vignes envahissaient la butte, si bien qu'au fil du temps, la colline devint le Mont aux Vignes. Au 14e siècle, le riche commerçant Regnault de Wandonne se fit construire une maison de campagne, une « folie », dont une rue du 11e arrondissement garde encore le souvenir : la Folie-Regnault. En 1626, les jésuites devinrent propriétaires des lieux et y édifièrent une maison de repos. Après la visite du jeune Louis XIV avec Mazarin, le lieu fut rebaptisé Mont-Louis. Le nom actuel vient du père François de La Chaise d'Aix, confesseur du roi, qui aimait s'y recueillir. La Chaise obtint du roi des travaux qui allaient embellir le domaine.

Il changea plusieurs fois de mains jusqu'à la Révolution et devint propriété de la Ville de Paris en 1803. Les débuts furent difficiles. Devant la nécessité de libérer la ville de ses nécropoles surchargées, le premier consul Bonaparte chargea Nicolas Frochot, préfet de la Seine, d'acheter quelques vastes terrains propices à accueillir des cimetières modernes et salubres, dont cette propriété, située en bordure de Paris, qui était limité jusqu'au second Empire par l'actuel boulevard de Ménilmontant.

Le premier cimetière-jardin

L'architecte Alexandre Brongniart eut l'idée, originale pour l'époque, de concevoir le cimetière comme un jardin. Le Cimetière de l'Est, car tel était son nom officiel, ouvrit ses portes le 21 mai 1804. Mais personne ne voulait s'y faire enterrer. C'est Honoré de Balzac qui fit la renommée du cimetière, décrit largement dans son œuvre, et surtout l'inhumation des dépouilles d'Héloïse et Abélard, puis de Molière et de La Fontaine, en 1817. C'est hélas l'épidémie de choléra qui lui donna son essor quinze ans plus tard.

Le cimetière fut le théâtre de sanglantes batailles. Le 30 mars 1814, lors de la bataille de Paris, les Russes et les Prussiens écrasèrent les jeunes troupes de l'Ecole polytechnique et prirent possession des lieux, endommageant considérablement le site. Les combats de la Commune se terminèrent au cimetière dans le sang, avec l'exécution par les troupes du gouvernement de 147 Fédérés, le 28 mai 1871.

Dans la 77e division, se dresse un érable de près de 160 ans, le doyen du cimetière ; dans la 33e division, un frêne de 150 ans nous toise du haut de ses 20 m et de ses 3,50 m de circonférence. Si vous y prêtez attention, vous découvrirez une faune qui y vit dans une paix royale, des insectes, des chats errants et bien sûr des oiseaux : le gobemouche gris, qui pique sur sa proie avant de regagner son affût, et le rougequeue à front blanc, qui habite dans les feuillages des arbres en été.

Le cimetière est classé monument historique. D'un point de vue paysager, il faut distinguer la partie la plus ancienne correspondant à la propriété des jésuites, traitée en jardin anglais avec de vastes avenues courbes reliées par de petites allées accrochées à la pente. La partie plus récente, due à des acquisitions de terrains au Nord, revêt un aspect beaucoup plus géométrique. La chapelle, le monument aux morts et le crématorium-columbarium sont les trois principaux bâtiments du cimetière.

Allez découvrir les sépultures de musiciens et chanteurs (Chopin, Bizet, Edith Piaf, Jim Morrison), d'acteurs (Sarah Bernhardt, Simone Signoret et Yves Montand), d'écrivains (Molière, La Fontaine, Balzac, Daudet, Musset, Nerval, Oscar Wilde, Colette, Apollinaire, Proust), de peintres (Géricault, Delacroix), de personnages historiques (Haussmann et Thiers)...

Certains amateurs de fantômes prêtent des vertus amoureuses à la tombe du journaliste Victor Noir ou des pouvoirs paranormaux à celle d'Allan Kardec, fondateur de la doctrine du spiritisme au 19e siècle, située chemin du Quinconce.

L'itinéraire proposé ici n'est en aucun cas un guide des tombes célèbres. Pour une visite approfondie, demandez à l'accueil les plans généraux ou thématiques. D'autres ouvrages sont disponibles à la librairie située près de l'entrée principale. Vous pourrez y suivre des visites guidées générales ou spécifiques : ceux qui y sont enterrés, l'art funéraire, la sculpture, l'Empire, le romantisme, les légendes, la nature, l'art des jardins...

Chopin. *Photo C.M.*

Pantin
Porte de la Villette
Av. de la P. de la Villette
Bd MacDonald
Boulevard périphérique
Porte de la Villette
Ecole nationale du cirque
Corentin Cariou
Quai de la Charente
Quai du Lot
Canal Saint-Denis
Cambrai
Avenue Corentin Cariou
Folie Horloge
Maison de la Villette
Éclat de Folie
Cité des Sciences et de l'Industrie
Centre Méliès
Escalier
Piste cyclable
Quai de la Gironde
Galerie de la Villette
Cinaxe
Géode
Folie Argonaute
Échangeur
Zénith
Stade Jules Ladoumègue
Folie de l'Écluse
Observatoire
Canal de l'Ourcq
Folie Petite Enfance
Rue Rouvet
Rue de Barbanègre
Place de l'Argonne
Rue de l'Argonne
Piscine Rouvet
Kiosque à musique
Folie Vidéo
Belvédère
Hot Brass
Allée du Zénith
Hall de la Chanson
Folie du Charolais
Café
Boulevard Sérurier
Folie du rond-point des canaux
Folie des Dunes
Antenne de secours
Grande Halle
Pavillon P. Delouvrier
Folie Janvier
Folie du Théâtre
Cité de la Musique
Porte de Pantin
Rue de Nantes
Quai de l'Oise
Quai de la Marne
Rue de l'Aisne
R. de la Marne
R. de la Meurthe
Rue de Thionville
19e
Conservatoire de musique de la Ville de Paris
Information
Rue E. Varèse
Rue Adolphe Mille
Rue Delesseux
Rue P.J. Jouve
Rue des Ardennes
Rue Léon Giraud
Rue de l'Ourcq
Église Ste-Claire
Lycée technique d'Alembert
Sente des Dorées
Allée A. Honegger
Bd Sérurier
Bd d'Indochine
Square d'Aquitaine
Avenue Jean Jaurès
Ourcq
Rue de Lunéville
Rue d'Hautpoul
Rue du Hainaut
Rue Eugène Jumin
Place du Général Cochet
Av. de la Porte Chaumont
Rue Petit
Rue Goubet
Rue Manin
Rue de Toulouse
1. Jardin du dragon
2. Jardin des îles
3. Jardin des voltiges
4. Jardin des frayeurs enfantines
5. Jardin des équilibres
6. Jardin des bambous
7. Jardin de la treille
8. Jardin des brouillards
9. Jardin des dunes
10. Jardin des miroirs
100 m
© ENVOL Cartographie - F.F.R.P.

Le parc de la Villette

Fiche pratique 2

1h30
3 Km

Situation

19e arrondissement

M métro de départ : Porte-de-La-Villette (ligne 7) métro d'arrivée : Porte-de-Pantin (ligne 5)

C'est le plus grand parc de Paris, le deuxième espace vert après le cimetière du Père-Lachaise. Situé dans l'énorme quadrilatère de 1 000 mètres de long et 600 mètres de large, délimité par les boulevards Mac-Donald et Sérurier, l'avenue Jean-Jaurès, la rue Adolphe-Mille, le canal Saint-Denis et l'avenue Corentin-Cariou, ce parc moderne a été longtemps occupé par les abattoirs et le marché aux bestiaux.

❶ Sortir du métro face à la Cité des Sciences et de l'Industrie, superbe paquebot d'acier et de verre, flanqué de 4 grands bassins, édifié par Semichon en 1960 pour servir aux abattoirs et transformé par Adrien Fainsilber.
Se diriger à droite vers la Maison de la Villette en forme de croix *(expositions temporaires)*. Longer le flanc Sud-Ouest de la Cité, passer devant le Cinaxe (cinéma animé en trois dimensions) puis devant l'espace réservé aux arts de la piste. En s'approchant du canal Saint-Denis, remarquer la première écluse, dont le bâtiment modernisé abrite le contrôle et la gestion automatisés de l'ensemble du canal et de ses 7 écluses, depuis cet endroit jusqu'à son débouché en Seine à Saint-Denis. Tourner à gauche à proximité du jardin du Dragon *(bénéficiant d'un grand toboggan)*, descendre vers le bassin et passer entre la cité et la Géode (Adrien Fainsilber), impressionnant cinéma hémisphérique. Passer devant la poupe du sous-marin Argonaute et traverser le jardin dallé jusqu'au centre Méliès. Tourner à droite, monter l'escalier et emprunter le cheminement dallé en bleu qui dessert les jardins thématiques, à commencer par le jardin des Iles.

Cité des Sciences et de l'Industrie.
Photo C.M.

❷ Franchir le canal de l'Ourcq par une passerelle aboutissant à la Folie 17. Celui-ci, qui se prolonge par le canal Saint-Martin, vient de la rivière de l'Ourcq aux environs

À voir

Parcs et jardins

- parc de la Villette et jardins thématiques
- cimetière de la Villette

Autres sites

- Grande halle
- rotonde de la Villette
- folie du Charolais
- fontaine aux Lions
- Cité des Sciences et de l'Industrie
- planétarium
- Géode
- Argonaute
- Cité de la Musique et musée
- Zénith
- Cinaxe
- canal de l'Ourcq
- canal Saint-Denis

Jeu d'eau. *Photo C.M.*

de la Ferté-Milon. Traverser le jardin des Voltiges et ses jeux pour enfants, à proximité de la célèbre salle du Zénith, temple de la musique, puis le jardin des Frayeurs enfantines. Poursuivre par la Folie 8 (Hot Brass), le jardin des Equilibres, puis le jardin des Bambous et son cylindre sonore propre à la méditation.
Couper l'allée du Belvédère, à proximité du Belvédère (Folie 11), remarquer la Bicyclette enterrée (œuvre de Claes Oldenburg et Cvosje van Bruggen) et pénétrer dans le jardin de la Treille.
Aborder le jardin des Brouillards sans se perdre dans la nébulosité qui y règne et se rabattre vers les pavillons du Charolais, dont celui de l'est abrite le Théâtre international de langue française. Au passage, traverser la vigne de 500 m^2 : 120 pieds de chasselas permettent une récolte de raisin de table de 700 kilos.

❸ Passer sous la toiture ondulée de la galerie de la Villette (qui traverse tout le parc) et repartir vers le Sud toujours sur le même cheminement par les jardins des Dunes et des Miroirs. Longer l'arrière du pavillon Paul-Delouvrier et prendre la galerie.
Passer devant le pavillon latéral occupé par le théâtre Paris-Villette, déboucher sur la place de la Fontaine-aux-Lions (qui avait orné autrefois la place de la République), admirer la superbe architecture de la Grande halle, devenue espace d'exposition, repartir vers le Nord entre celle-ci et le pavillon Janvier flanqué de la folie du même nom (Folie 4). Prendre une allée à droite pour revenir sur la place par l'allée du Zénith.
Se diriger vers la sortie sur l'avenue Jean-Jaurès, encadrée par les deux bâtiments de Christian de Portzamparc : conservatoire à droite, Cité de la Musique à gauche *(salle de concert, auditorium, musée actif de la Musique...),* édifiés en 1995 et 1997.

❹ Le métro Porte-de-Pantin se situe face à la sortie.

Abattoirs et marché aux bestiaux

Si le préfet Haussmann voulut garder les Halles au centre de la capitale, il décida de créer des abattoirs à la Villette, commune rattachée à Paris en 1860, comme Belleville et Ménilmontant. Entre 1863 et 1867, l'architecte Louis Janvier construisit 3 halles métalliques à colonnes de fonte; seule subsiste la halle aux bœufs (Grande halle). Dans les années 1950, on fit le projet de moderniser ces abattoirs et on l'abandonna en 1976 devant un coût trop élevé. L'évolution économique supprima les abattoirs géants, ce qui fait que la capitale est maintenant ravitaillée en viande réfrigérée, abattue et traitée sur les lieux de production. Un ensemble culturel et de loisirs s'implanta dans ce quartier jusque-là défavorisé en faisant appel à trois principaux architectes : Adrien Fainsilber pour la Cité des Sciences et de l'Industrie et la Géode, Christian de Portzamparc pour la Cité de la Musique, Bernard Tchumi pour le parc de la Villette. C'est maintenant un lieu consacré aux sciences, aux techniques et aux arts (théâtre, cinéma, expositions, musique), situé dans un parc résolument moderne.

Le parc de la Villette, avec ses 35 hectares, se structure autour de 2 prairies : celle du Cercle au Nord, de part et d'autre du canal de l'Ourcq, celle du Triangle au Sud. Un cheminement sinueux dallé de bleu

L'ancienne halle de la Villette. *Photo C.M.*

parcourt ces prairies en faisant découvrir successivement dix jardins thématiques; tandis que les 25 folies, structures métalliques rouges à usages variés, œuvre de Bernard Tschumi, rehaussent l'ensemble, et que les bâtiments anciens, heureusement conservés, s'accordent avec les réalisations les plus futuristes.

Le canal de l'Ourcq

Il débouche dans le bassin de la Villette en parcourant la rivière de l'Ourq pendant une centaine de kilomètres. Passant sous un ingénieux pont levant rue de Crimée, entre les anciens entrepôts à grain et à sucre, il donne naissance à l'écluse géante au canal Saint-Denis. Au 19e siècle, Paris formait le trafic le plus important du pays, suivant les 3 canaux : Ourcq, Saint-Martin, Saint-Denis. La Villette était le « grenier de Paris ». Aujourd'hui, le fort gabarit des péniches ou des barges les empêche de livrer leurs marchandises par les canaux, mais la navigation de plaisance est active : bateaux de croisière, péniches privées…

Photo C.M.

Parc des Buttes Chaumont
19e
Belvédère
Escalier
Temple
Grotte
Cascade
Pavillon du Lac
1
2
3
4
5
6
Botzaris
Buttes-Chaumont
Place des Fêtes
Mairie du XIXe
Saint Serge
Lycée Henri Bergson
Fondation A. de Rotschild
Saint François d'Assise
Saint Jean Baptiste
Place Armand Carrel
Place de Rhin et Danube
Rue Manin
Rue de Crimée
Rue Botzaris
Rue Armand Carrel
Av. de Laumière
Avenue Secrétan
Av. Mathurin Moreau
Av. Simon Bolivar
Rue David d'Angers
Rue d'Hautpoul
Rue Compans
Rue de Mouzaïa
Rue du Général Brunet
Rue des Solitaires
Rue Fessart
Rue Carducci
Rue de la Villette
Rue des Alouettes
Rue du Plateau
Rue des Annelets
Rue Arthur Rozier
Rue Louise Thuliez
Rue Pradier
Rue Clavel
Rue Mélingue
Rue Préault
Rue Hassard
Pass. du Plateau
R. du Tunnel
Rue de l'Encheval
Villa Albert Robida
Rue Pailleron
R.J.Menans
Rue Edouard
Rue Bouret
Rue Cavendish
Rue Philippe Hecht
Rue Rémy de Gourmont
Rue Edgar Poë
Rue Georges Lardennois
Villa du Parc
Rue de l'Atlas
Rue Lauzin
Rue des Dunes
Rue de Palestine
Rue des Fêtes
Rue du Pré Saint-Gervais
R.Petitot
Rue Gaston Pinot
Rue d'Alsace-Lorraine
Rue de la Prévoyance
R. F. Ponge
Rue de la Fraternité
Villa de Lorraine
Villa du Progrès
Villa de Bellevue
Villa Emile Loubet
Villa Eugene Leblanc
Villa d'Alsace
R. des Mignottes
R. de la Liberté
Villa Amalia
Villa de Fontenay
Villa Marceau
Villa d'Hauterive
Villa de Cronstadt
Rue Miguel Hidalgo
Villa Maurice Rollinat
Villa C. Monet
Villa Laforgue
Villa Paul Verlaine
V. Rimbaud
V. des Boërs
R.F. Pinton
R.Blanche Antoinette
Imp. Grimaud
100 m

Le parc des Buttes-Chaumont

Fiche pratique **3**

Avec ses 24,7 hectares et ses 5 km d'allées, le parc des Buttes-Chaumont est le troisième espace vert de Paris après le cimetière du Père-Lachaise et le parc de La Villette. C'est le plus grand des trois jardins légués par Napoléon III à la capitale : il est l'œuvre de l'architecte Davioud et de l'ingénieur Alphand, qui conçut aussi les parcs Monceau et Montsouris. Cette promenade ravira les bons marcheurs, qui pourront allier exercice physique, en raison de son fort dénivelé, et beauté du paysage. Une multitude d'oiseaux y vit. De l'automne au printemps, la bergeronnette des ruisseaux ou hochequeue lance ses cris aigus. Pendant les beaux jours, le pouillot véloce répète doucement ses « uit ».

❶ Sortir du métro. Entrer à droite par la porte Fessart face à la rue du même nom. Prendre à gauche et monter jusqu'au belvédère d'où la vue est dégagée. Redescendre du côté opposé et par un escalier, atteindre l'avenue de Puebla que l'on prend à droite.

❷ Prendre une allée montant fortement *(marches)* et atteindre sur la gauche un 2e belvédère.
Continuer en tournant pour redescendre et suivre les avenues Darcel et des Marnes jusqu'au carrefour de la Colonne où se situe un restaurant. En face de celui-ci, prendre un chemin descendant qui arrive au spectaculaire pont des Suicidés surplombant de 22 mètres le lac.

Buttes-Chaumont. *Photo C.M.*

1h30
3 Km

99 m
63 m

Situation
19e arrondissement

M métro de départ : Buttes-Chaumont (ligne 7 bis)
métro d'arrivée : Botzaris (ligne 7 bis)

À voir

Parcs et jardins

- parc des Buttes-Chaumont : temple de la Sibylle, belvédères, cascade, grotte, lac...
- cimetière de la Villette

Autres sites

- Notre-Dame-des-Buttes-Chaumont
- église Saint-François d'Assise
- église Saint-Serge

Temple d'amour.
Photo DPJEV.

❸ Le franchir et monter jusqu'au belvédère orné du temple de la Sibylle, copie du temple de Tivoli et édifié par Davioud, comme les autres constructions du parc. A 30 m au-dessus du lac, il offre une large vue sur Montmartre et Saint-Denis. De ce point, un escalier de 173 marches creusé dans la rocaille rejoint l'allée. Repasser le pont et prendre à gauche un chemin en corniche qui passe devant la partie supérieure de la cascade. Un peu plus loin dans la descente, glisser le long d'un petit ruisseau en pente (statue du dieu Pan par Sakellariou) et atteindre la route Circulaire du lac *(vue sur l'île)*.
Prendre l'avenue à gauche et faire un crochet qui aboutit à la grotte de 20 m de haut (fausses stalactites mesurant jusqu'à 3 m) puis à la grande cascade qui plonge de 32 m plus haut.
Ressortir sur la route Circulaire, la poursuivre, passer sous le pont et la quitter à l'arrivée d'un petit ruisseau, que l'on suit puis que l'on franchit après une courte montée dans les rochers.
Prendre à droite la deuxième petite allée. Repartir à droite sur l'avenue Alphand, la quitter à gauche, puis redescendre ; par un petit escalier, atteindre l'avenue Michal jusqu'à la porte Armand-Carrel, face à la place du même nom (mairie du 19e). *De part et d'autre de la porte : accueil et toilettes.* Passer devant le Guignol, puis devant le kiosque et une aire de jeux.

❹ Monter à gauche par un escalier en courbe, couper l'avenue Edouard-Petit, continuer à monter jusqu'au belvédère *(vue sur le lac et son île)* et redescendre en

Vue des Buttes-Chaumont sur Montmartre.
Photo C.M.

face jusqu'à l'avenue de Crimée, que l'on remonte à droite en franchissant la Petite Ceinture par un pont.

5 De celui-ci, observer le pont de la rue de Crimée, sous lequel on peut remarquer l'amorce de la voie ferrée qui rejoignait les abattoirs de la Villette (embranchement pour la gare Paris-Bestiaux). Cette voie désaffectée a été remplacée par une voie piétonne (allées Darius-Milhaud et Arthur-Honegger).
Descendre une allée à droite jusqu'à l'emplacement d'une ancienne passerelle sur la Petite Ceinture, à proximité de l'entrée du tunnel *(qui ressort 1 100 m plus au Sud, à Ménilmontant).* Remonter par la même allée jusqu'à l'avenue de la Cascade. Prendre celle-ci à gauche jusqu'à la Porte-de-la-Villette où se trouve le métro. 6

Sur le mont Chauve

Le nom des Buttes-Chaumont viendrait de « mont Chauve » car la colline était réputée pour être aride… Plusieurs rudes batailles s'y déroulèrent : la victoire de Montfaucon en 885 où les Normands furent repoussés par le comte Eudes de Paris et la défaite contre les Prussiens en 1814. Aujourd'hui, c'est une colline pleine de vie peuplée d'une multitude d'oiseaux attirés par ses hauteurs et la fraîcheur de son lac.

Le pont suspendu au-dessus du lac des Buttes-Chaumont. *Photo DPJEV.*

Lutèce la blanche

Rembardes en ciment armé façon bois. *Photo C.M.*

Le quartier des Buttes-Chaumont est célèbre depuis l'Antiquité romaine pour avoir abrité des carrières de gypse. Les Romains utilisaient déjà le gypse, car porté à une température de 120 °C, il se transforme en plâtre. C'est cet usage qui aurait valu à Paris le surnom de « Lutèce la blanche ».

Mais c'est au 19e siècle que furent creusées les fameuses carrières qui changèrent la physionomie de la butte. La précieuse matière était acheminée jusqu'aux Etats-Unis, ce qui a valu au quartier son nom de « quartier des carrières d'Amérique ». La falaise s'élevait à une hauteur de 45 m. Ce lieu escarpé et inculte servait de bassin de décantation : on faisait sécher les matières recueillies qui servaient ensuite à la fabrication d'un engrais. Ce n'était pas le seul attrait de la butte, puisqu'elle permettait de se débarrasser des cadavres de chevaux : une décharge à ciel ouvert tolérée, qui se situait encore en dehors des limites de la ville de Paris. Après l'annexion en 1860 des communes périphériques, l'habitude restera d'y jeter toutes sortes d'ordures.

L'exploitation des carrières

On extrayait le plâtre du sous-sol des collines, ici composé d'argile et de glaise. Le plâtre, utilisé dans la plupart des logements parisiens, fut d'abord extrait de façon souterraine puis, pour éviter l'effondrement des carrières, exploité à ciel ouvert : en provoquant délibérément l'éboulement.

Les terrassements pour construire le chemin de fer et le percement de la rue de Crimée ralentirent le développement des carrières, qui fermèrent. Quatre ans furent nécessaires pour réaliser les travaux titanesques de terrassement et créer les aménagements paysagers de ce parc magnifique. Inauguré le 1er avril 1867 en même temps que l'Exposition universelle, il est isolé de la rue par une grille longue de 2500 m. Le lac des Buttes-Chaumont occupe l'emplacement exact de l'ancienne carrière à ciel ouvert, tandis que la grotte ouvrait l'entrée d'une carrière souterraine.

Fraîcheur du parc des Buttes-Chaumont. *Photo C.M.*

Arbres remarquables et centenaires

Sur la rocaille des Buttes-Chaumont pousse toute une végétation spontanée : églantine, chélidoine, clématite et autres plantes. Plus haut, on admire : sophora, tulipier, aulne, saule, séquoia, orme, ginkgo, hêtre pourpre ou tortillard, citronnier, oranger, noisetier de Byzance, savonnier de Chine... Ici, tout exalte la nature, des bruyères aux arbres exotiques, et le baroque : lac, île, temple, cascade, pont, grotte.

Le Pont des Suicidés. *Photo C.M.*

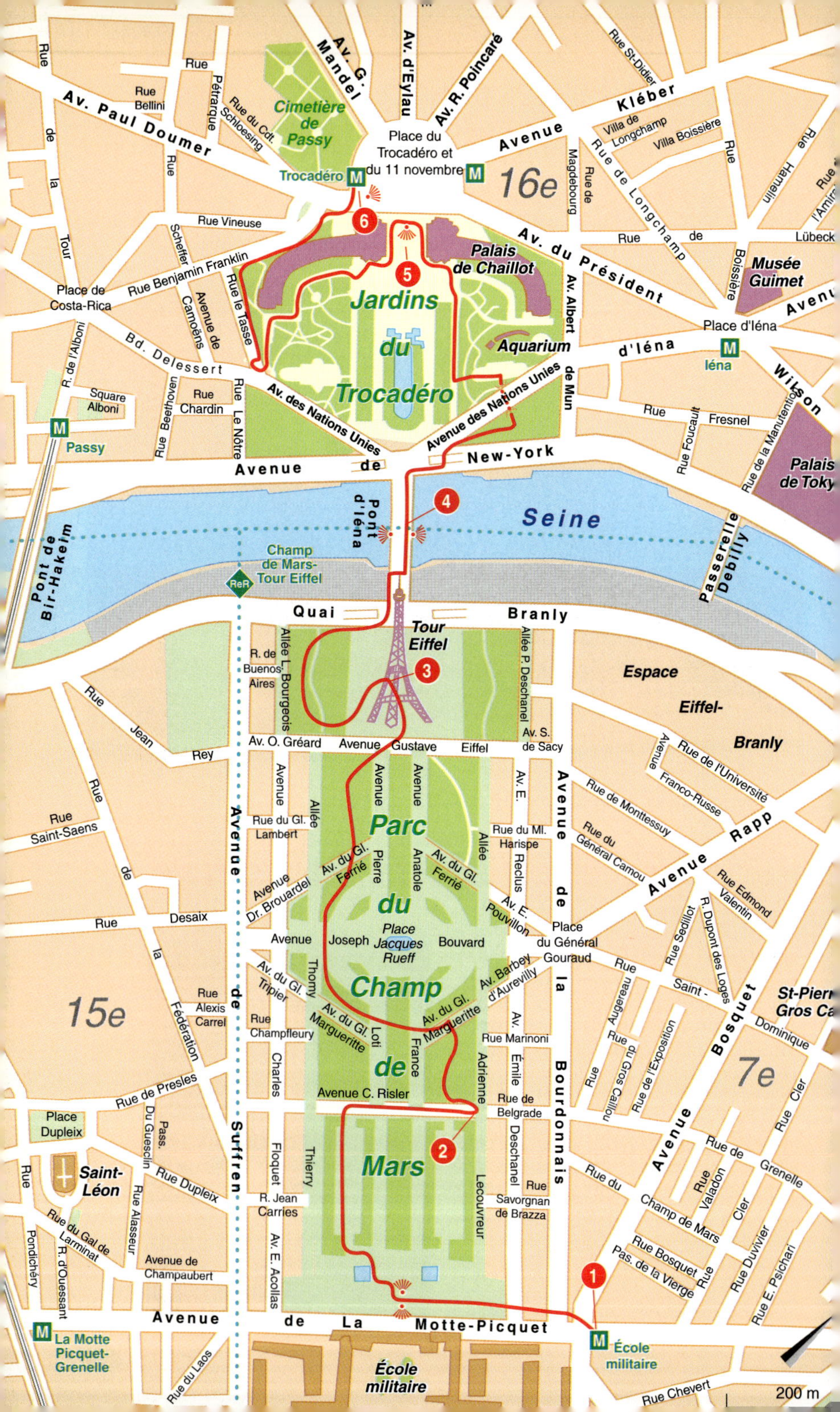

Cimetière de Passy
Trocadéro
Place du Trocadéro et du 11 novembre
16e
Av. G. Mandel
Av. d'Eylau
Av. R. Poincaré
Avenue Kléber
Av. Paul Doumer
Rue Bellini
Rue Pétrarque
Rue du Cdt. Schloesing
Rue Vineuse
Rue Benjamin Franklin
Place de Costa-Rica
Rue Scheffer
Avenue de Camoëns
Rue le Tasse
Palais de Chaillot
Jardins du Trocadéro
Aquarium
Av. Albert de Mun
Av. du Président Wilson
Musée Guimet
Place d'Iéna
Iéna
Avenue d'Iéna
Rue de Longchamp
Villa de Longchamp
Villa Boissière
Rue Boissière
Rue Hamelin
Rue de Magdebourg
Rue St-Didier
Rue de Lübeck
Rue Fresnel
Rue Foucault
Rue de la Manutention
Palais de Tokyo
Bd. Delessert
R. de l'Alboni
Square Alboni
Rue Beethoven
Rue Chardin
Rue Le Nôtre
Passy
Av. des Nations Unies
Avenue des Nations Unies
Avenue de New-York
Pont d'Iéna
Seine
Pont de Bir-Hakeim
Champ de Mars-Tour Eiffel
RER
Passerelle Debilly
Quai Branly
Tour Eiffel
Allée L. Bourgeois
Allée P. Deschanel
R. de Buenos Aires
Espace Eiffel-Branly
Rue Jean Rey
Av. O. Gréard
Avenue Gustave Eiffel
Av. S. de Sacy
Rue de l'Université
Avenue Franco-Russe
Rue de Montessuy
Rue du Général Camou
Avenue Rapp
Rue Edmond Valentin
Rue Saint-Saens
Rue du Gl. Lambert
Avenue Dr. Brouardel
Av. du Gl. Ferrié
Avenue Pierre Loti
Avenue Anatole France
Allée Thomy Thierry
Allée Adrienne Lecouvreur
Parc du Champ de Mars
Place Jacques Rueff
Avenue Joseph Bouvard
Av. E. Reclus
Rue du Ml. Harispe
Av. E. Pouvillon
Place du Général Gouraud
Avenue de la Bourdonnais
Av. Barbey d'Aurevilly
Av. du Gl. Tripier
Av. du Gl. Margueritte
Rue Desaix
Rue de la Fédération
Rue Alexis Carrel
Rue Champfleury
Rue Charles Floquet
Avenue C. Risler
Av. Émile Deschanel
Rue Marinoni
Rue de Belgrade
Rue Savorgnan de Brazza
Rue Sédillot
R. Dupont des Loges
Rue Saint-Dominique
Rue Augereau
Rue du Gros Caillou
Rue de l'Exposition
Avenue Bosquet
St-Pierre du Gros Caillou
7e
Rue Cler
Rue de Grenelle
Rue Valadon
Rue du Champ de Mars
Rue Bosquet
Pas. de la Vierge
Rue Duvivier
Rue E. Psichari
15e
Avenue de Suffren
Rue de Presles
Place Dupleix
Rue Du Guesclin
Pass.
Saint-Léon
Rue Dupleix
Rue Alasseur
Rue Pondichéry
Rue du Gal de Larminat
R. d'Ouessant
Avenue de Champaubert
R. Jean Carries
Av. E. Acollas
Avenue de La Motte-Picquet
La Motte Picquet-Grenelle
École militaire
Rue du Laos
Rue Chevert
200 m
1
2
3
4
5
6

Champ-de-Mars et Trocadéro

Fiche pratique **4**

2 h
4 Km

60 m
36 m

Situation
7e-16e arrondissements

M
métro de départ : Ecole-Militaire (ligne 8)

métro d'arrivée : Trocadéro (lignes 6 et 9)

Avec ses 24,5 hectares, le Champ-de Mars est l'un des plus grands espaces verts de Paris. La superficie du jardin, à l'origine de 42 hectares, a été amputée au début du 20e siècle pour réaliser les beaux immeubles situés avenues de Suffren et de La Bourdonnais et pour financer son aménagement.
Ce vaste jardin à la française est orné de nombreux arbres rares tels que le févier à trois épines, l'oranger trifolié ou le cèdre de l'Atlas, qui attirent les oiseaux : le pic épeiche, qui se cache au moindre bruit, et surtout la chouette hulotte, son habitant le plus célèbre.

❶ Sortir du métro Ecole-Militaire et se diriger vers le Champ-de-Mars en traversant les avenues Bosquet et de La Bourdonnais, puis Emile Deschanel jusqu'à la statue de Joffre pointant son bâton de maréchal vers son rival Foch, situé au Trocadéro. A proximité, un récent monument à la Paix, transparent et portant ce nom dans toutes les langues a été édifié.
De ce point, on peut admirer d'un côté la majestueuse façade de l'Ecole Militaire et de l'autre, la vue d'ensemble sur le Champ-de-Mars, la tour Eiffel et le palais de Chaillot. Pénétrer dans le parc du Champ-de-Mars par son côté gauche.

Aller jusqu'à l'avenue Charles-Risler et la prendre à droite vers le monument commémoratif du bicentenaire de la Déclaration des droits de l'homme, édifié en 1989 par l'artiste tchèque Yvan Theiner, petit édifice en pierre rehaussé de statuettes de bronze, dont la décoration résume la pensée humaine.
❷ Poursuivre vers la tour Eiffel par le côté droit, où des

Pärc du Champ-de-Mars. *Photo C.M.*

À voir

Parcs et jardins

- jardin du Champ-de-Mars
- jardins du Trocadéro
- cimetière de Passy
- jardin du Ranelagh

Autres sites

- place de l'Ecole-Militaire
- perspective
- tour Eiffel
- Egouts de Paris
- pont d'Iéna
- palais de Chaillot ; musées de l'Homme, de la Marine, des Monuments français
- musée Guimet
- palais de Tokyo
- musée de la Mode
- église Saint-Pierre de Chaillot
- musée Clemenceau
- maison de Balzac
- musée du Vin

Champ-de-Mars.
Photo C.M.

allées ondulantes contrebalancent la rigueur du jardin central à la française. A la hauteur de l'avenue du Général-Margueritte, traverser vers le côté gauche et poursuivre, toujours par des allées courbes.
Cette approche aura permis d'admirer la sveltesse et l'élégance de la tour Eiffel, particulièrement mise en valeur par le choix de la couleur doré foncé. Les ascenseurs rouges et jaunes s'élancent vers ses 300 m (324 m avec l'antenne) avec les visiteurs ne désirant pas gravir ses 1 789 marches ! Les jours de beau temps, la vue porte à 80 km. Peu remarqué, le 1er étage est orné d'une frise composée des noms des savants et des industriels de la métallurgie.

❸ Passer sous la tour Eiffel *(toilettes à proximité du pilier Est*).
Circuler dans le secteur gauche du jardin et observer le vestige de la machine à vapeur (cheminée) qui servait à faire fonctionner le premier ascenseur.

❹ Traverser le quai Branly et franchir le pont d'Iéna par le trottoir de droite.
Du pont, la vue est très étendue : vers le Sud-Ouest sur la Maison de la radio et à l'horizon sur la colline de Meudon. Vers l'Est, le Sacré-Cœur, les clochers de la cathédrale américaine (flèche de 70 m) et de Saint-Pierre-de-Chaillot, la passerelle Debilly et le Palais de Tokyo.
Aborder le **jardin du Trocadéro** *(voir page 49).*
Entrer dans le triangle de droite, remonter au-delà du monument des Combattants Polonais et prendre le souterrain à gauche.
Longer l'aquarium. Arriver au-dessus du bassin central, avec ses canons à eau et ses statues dorées : tête de taureau et têtes de chevaux flanquées de chiens de chasse. Les grandes eaux de ce bassin sont un beau spectacle.

❺ Remonter par les escaliers *(toilettes)* jusqu'au parvis des Libertés et des Droits de l'Homme, situé entre les deux ailes du palais de Chaillot *(voir page 47)*, et bordé de 8 statues dorées.
Rebrousser chemin sur le parvis, descendre les escaliers sur la droite et continuer en zigzag dans les jardins. Le buste de Paul Valéry est situé face au pavillon d'extrémité, à côté de l'entrée de la bibliothèque du musée de la Marine.
Remarquer deux arches (vestiges des Tuileries et de l'ancien hôtel de ville).
Descendre jusqu'à l'avenue des Nations-Unies pour voir le monument de l'amiral de Grasse, vainqueur de la

bataille de la Chesapeake (5 septembre 1781) qui permit la victoire de Yorktown et l'indépendance des Etats-Unis.
Prendre en lisière Sud un petit escalier qui se prolonge dans la rocaille du décor et remonter par le jardin en creux jusqu'à la rue Benjamin-Franklin, face à l'immeuble d'Auguste Perret. Plus bas dans la rue, se trouvent les musées Clemenceau et Balzac.
Les souvenirs américains se poursuivent avec le **square Yorktown** orné de la statue de Benjamin Franklin et de diverses plaques commémoratives de l'intervention française.
Remarquer les décalages de niveaux, notamment la rue Vineuse (souvenir des vignes qui occupèrent les lieux, du temps de l'abbaye des Bonhommes) qui débouche plus haut que la place.
Gagner la place du Trocadéro et du 11-Novembre, en demi-cercle, où convergent la rue Benjamin-Franklin, les avenues Paul-Doumer, Georges-Mandel, d'Eylau, Raymond-Poincaré, Kléber et Président-Wilson.
La statue de Foch, maréchal de France, de Grande-Bretagne et de Pologne, trône au milieu de la place, tandis que le Monument aux combattants de 1914-1918 orne le mur Ouest de soutènement du cimetière de Passy.

❻ Le métro se trouve sur la place.

Le palais de Chaillot

Le palais de Chaillot a été édifié pour l'Exposition universelle de 1937, sur les fondations de l'ancien palais du Trocadéro datant de l'Exposition de 1889. L'astuce des architectes a été surtout de ne pas réédifier de pavillon central mais d'ouvrir le parvis, pour dégager la perspective. La forme courbe des ailes provient des fondations de l'ancien palais. De structure identique, les ailes sont encadrées de pavillons à chaque extrémité, ceux du centre étant ornés de citations de Paul Valéry. La façade interne (côté jardin) est ouverte par de larges baies. Par contre, l'arc extérieur tourné vers la ville est aveugle et orné de gigantesques bas-reliefs.

Jets d'eau du Trocadéro. *Photo C.M.*

L'aile orientale abrite le musée des Monuments français (actuellement en cours de restauration) ainsi que l'entrée du Théâtre national populaire. La salle est située sous le parvis et son foyer s'ouvre sur les jardins. L'aile occidentale est consacrée au musée de l'Homme et au musée de la Marine.

Des grandes manœuvres aux grandes fêtes

Au 16e siècle, le paysage de la vaste esplanade du Champ-de-Mars était constitué essentiellement de vignes et de potagers. C'est au 18e siècle que l'on créa en ce lieu un champ de manœuvres. Entouré de grandes grilles en fer forgé, on peut y faire défiler jusqu'à 10 000 hommes en ordre de bataille !

Les dirigeants de l'époque l'utilisèrent pour toutes les grandes commémorations, de 1790 à nos jours. L'ancêtre de notre fête du 14 Juillet y fut organisé par Talleyrand, alors évêque d'Autun, en 1790. Cette fête de la Fédération réunit 300000 spectateurs : dans une tribune installée devant l'Ecole Militaire, ils assistèrent à une cérémonie grandiose orchestrée par 300 prêtres et 100 enfants de chœur.

En 1889, l'armée céda le Champ-de-Mars à la Ville de Paris, qui confia sa transformation à l'architecte Jean-Camille Formigé, concepteur des Serres d'Auteuil.

Le Champ-de-Mars avait aussi servi d'hippodrome pour les courses de chevaux, de base de départ pour le premier ballon en 1783 et de terrain pour une expérience insolite : la culture de la pomme de terre. Afin de lancer son tubercule, le pharmacien et agronome Parmentier décida de le cultiver là, en prenant bien soin de clôturer le potager. Surveillés à l'extrême par des soldats pendant le jour mais abandonnés la nuit tombée, les tubercules furent pillés par les Parisiens. Un franc succès pour la pomme de terre…

Les Expositions universelles

En 1855, la première Exposition, qui attira 5 millions de visiteurs, fut inaugurée par Napoléon III, dans les jardins du Trocadéro ; on y avait édifié l'extraordinaire Palais de l'Industrie, dont quelques sculptures ornent encore le parc de Saint-Cloud.

Puis elle élit domicile au Champ-de-Mars, en 1867, inaugurant les promenades en bateaux-mouches sur la Seine et accueillant 60 millions de visiteurs.

En 1878, l'Exposition s'étendit jusqu'à la colline de Chaillot, où fut construit l'éphémère et onirique palais du Trocadéro, composé de minarets, d'une série de jardins dessinés par Alphand, d'une cascade… C'était le triomphe de l'électricité : les réverbères à huile étaient remplacés par l'éclairage électrique.

Vue sur la tour Eiffel.
Photo C.M.

C'est en 1889, pour le centenaire de la Révolution, que fut érigé un monument plus durable et futuriste, quoique prévu comme provisoire : la tour Eiffel, s'élevant à 300 m, le plus haut monument du monde à l'époque ! Le 20e siècle vit une nouvelle extension vers le jardin des Champs-Elysées. C'est à l'Exposition universelle de

1900 que nous devons le Grand Palais et le Petit Palais, ainsi que le pont Alexandre III, mais aussi l'automobile, le cinéma, la grande roue et la première ligne de métro… La Première Guerre mondiale suspendit les expositions et il fallut attendre 1937 pour qu'une nouvelle et dernière exposition voie le jour : celle des arts et techniques. Le palais de Chaillot et le musée d'Art moderne en sont les témoins.

Le jardin du Trocadéro

Le nom du Trocadéro évoque la prise du fort de Cadix par le duc d'Angoulême, en 1823. Louis XVIII voulut commémorer l'événement en faisant construire un monument baptisé Villa Trocadéro, dont le nom fut adopté en 1877.

Il s'agit d'un des nombreux projets un peu fous qui ont fleuri dans les esprits fantaisistes de l'époque. Napoléon Ier aurait voulu construire une cité impériale en l'honneur du roi de Rome, son fils. Le sculpteur Antoine Etex proposa la construction d'une fontaine monumentale au centre de laquelle se serait dressé un phare… Autant de projets qui ne virent pas le jour.

Aujourd'hui, le jardin, d'une superficie de 9,4 hectares, est divisé en 3 parties : deux latérales en forme de triangle, limitées par les quais et l'avenue des Nations-Unies et une centrale, entre cette avenue et le palais de Chaillot. Ses ruisseaux et ses pièces d'eau, dont un bassin central aux jeux d'eau célèbres, ornent le jardin. Vous y trouverez aussi de curieux vestiges : une lucarne de l'hôtel de ville du 16e siècle et une partie de la façade du palais des Tuileries.

Fraîcheur du jardin. *Photo C.M.*

Le cimetière de Passy

Le bâtiment de l'entrée fut édifié par R. Berger en 1934. Aménagé comme s'il avait été d'origine en terrasse, il domine la place du Trocadéro. De nombreuses tombes de célébrités évoquent des écrivains (Tristan Bernard, Giraudoux), des peintres (Edouard Manet, Berthe Morisot), des musiciens (Debussy, Fauré), des pionniers de l'aviation comme Henry Farman et des acteurs comme Fernandel…

Arbres majestueux. *Photo C.M.*

Jardin du Luxembourg
Palais du Luxembourg (Sénat)
Petit Luxembourg
Musée
Orangerie
Fontaine de Médicis
Théâtre de marionnettes
Ancienne pépinière
Théâtre de l'Odéon
Place de l'Odéon
Place Paul Claudel
Lycée St-Louis
Place Edmond Rostand
Luxembourg
École des Mines
Place André Honnorat
Jardin R. Cavelier de la Salle
Jardin Marco Polo
Place Camille Jullian
Place Ernest Denis
Port-Royal
Lycée Montaigne
Université Paris V
Université Paris II
Ecole Alsacienne
Institut national des Jeunes Sourds
Lycée Lavoisier
St-Jacques du-Haut-Pas
Place Louis Marin
Rue de Vaugirard
Rue Honoré-Chevalier
Rue Ferou
Rue Servandoni
Rue Garancière
Rue de Tournon
Rue de Condé
Rue Racine
Rue Monsieur le Prince
Rue de Médicis
Rue Soufflot
Rue Madame
Rue Guynemer
Rue de Fleurus
Rue Vavin
Avenue Vavin
Rue Auguste Comte
Rue d'Assas
Rue Michelet
R. Herschel
Avenue de l'Observatoire
Rue des Chartreux
Rue Joseph Bara
Rue Le Verrier
Rue Notre-Dame des Champs
R. de Chevreuse
Rue Paul Séjourné
Bd du Montparnasse
Bd de Port-Royal
Bd St-Michel
Rue Campagne Première
Rue Boissonade
Av. de l'Observatoire
Avenue Georges Bernanos
Rue de l'Abbé de l'Épée
Rue Royer-Collard
Impasse Royer-Collard
Rue Gay
Rue Le
Rue Saint Jacques
Rue du Val de Grâce
Rue Henri Barbusse
Rue Pierre Nicole
R. Fustel de Coulanges
Hôpital Val-de-
6e
5e
100 m
1
2
3
4

Le jardin du Luxembourg

Fiche pratique **5**

1 h 30
3 Km

Le Luxembourg, conçu par l'architecte Chalgrin en 1801, fut le premier jardin populaire ouvert à Paris. À la française et à l'anglaise... Avec ses 23 hectares, voici l'espace vert le plus célèbre de la rive gauche, surnommé « Luco » par ses fidèles, en particulier les étudiants et professeurs du Quartier Latin. Le jardin comme le palais appartiennent au Sénat qui y veille avec un soin jaloux.

❶ Sortir du RER Port-Royal et traverser l'avenue de l'Observatoire, aller à droite vers la place Camille-Jullian, statue du maréchal Ney fusillé en ce lieu en 1815 (Rude-1853).
Prendre l'avenue de l'Observatoire vers le jardin du Luxembourg. Large de 100 m, elle forme 2 jardins successifs : le **jardin Marco-Polo** (1,1 hectare) qui débute par la fontaine de l'Observatoire, édifiée par Davioud (1873) et dont les sculptures sont de Carpeaux (les Quatre parties du monde), Legrain (le globe) et Fremiet (les chevaux et le dauphin), puis le **jardin Cavelier de la Salle** (1,1 hectare). Chacun est orné de 2 groupes à l'antique et de 2 colonnes dans l'axe de l'avenue.
Remonter ces jardins en remarquant à gauche l'Institut d'art et d'archéologie (université Paris V) édifié en briques rouges en style pseudomauresque et orné à la base d'une frise évoquant celle du Parthénon (Paul Bigot, 1927).

❷ Traverser la rue Auguste-Comte, par la place André-Honnorat ; pénétrer dans le jardin du Luxembourg.

Ruches du Luxembourg. *Photo C.M.*

Situation
6e-5e arrondissements

RER de départ : Port-Royal (ligne B)
RER d'arrivée : Luxembourg (ligne B)

À voir

Parcs et jardins

- jardins de l'Observatoire et perspective Nord-Sud
- jardin du Luxembourg : bassin, arbres, plantations, verger, rucher, orangerie, fontaine de Médicis, statues des reines de France...
- squares du 5e arrondissement : Cluny, Sorbonne, Ecole polytechnique, René-Viviani...

Autres sites

- Sénat et boutique du Sénat
- Observatoire
- musée Zadkine
- Centre de la mer et des eaux
- Ecole des mines
- église Saint-Sulpice
- église Saint-Etienne-du-Mont
- bibliothèque Sainte-Geneviève
- Panthéon

Jardin Marco-Polo.
Photo C.M.

Prendre à gauche dans une partie traitée à l'anglaise et agrémentée de nombreuses statues, en particulier de groupes animaliers (lion, cerf), et des statues de Pierre Mendès France, de Paul Éluard (Zadkine), de Baudelaire, de la comtesse de Ségur, de Watteau, de Sainte-Beuve...
Traverser la zone des jardins fruitiers et du verger. Passer à proximité du rucher avec son million d'abeilles.
Couper la grande allée et remonter dans la frange Ouest, également à l'anglaise. Passer devant la statue de la Liberté (Bartholdi), fortement réduite par rapport à sa grande sœur de New York. Dans cette partie, sont à l'honneur des statues à l'antique (triomphe de Silène de Dalou) et celles de Chopin, Branly, Massenet, Verlaine...
Continuer et contourner l'extrémité Nord-Ouest pour admirer Beethoven (Bourdelle).
Longer le musée du Luxembourg puis l'Orangerie (Gisors, 1839-1840).
Passer devant l'imposant monument à Delacroix (Dalou) et entrevoir, derrière, le Petit Luxembourg (milieu du 16e siècle, remanié par Boffrand vers 1710), résidence du président du Sénat. En arrivant au bâtiment du Sénat, remarquer au sol le médaillon Arago qui matérialise le passage du méridien de Paris.
Repartir vers le Sud en montant les marches. Longer les bosquets plantés *(jeux et sanitaires)*, bordés par les statues des reines de France et de quelques autres.

3 Contourner l'extrémité en coupant l'axe central et remonter tout droit dans la partie centrale ornée en son centre par un bassin octogonal. Plus loin, une perspective sur la droite, par delà la rue Soufflot, atteint le Panthéon, visible au-dessus des frondaisons.
Longeant le palais, aller à droite presque jusqu'à la sortie rue de Vaugirard, en remarquant le monument aux étudiants morts pour la Résistance (Watkin). Faire demi-tour et revenir le long de la rue de Médicis jusqu'à la fontaine du même nom de style italien (1624) : bas-relief de Léda et son cygne (1807), sculpture du Cyclope (Ottin, 1863).
Descendre le long du bassin et remarquer l'amusant effet d'optique qui fait croire à un plan d'eau incliné.
Parcourir la partie Est du jardin, traitée comme la partie Ouest en promenades plantées, ponctuées de petites constructions *(kiosque, buvettes...)*.
Toute cette partie comporte également de nombreux monuments : George Sand, Stendhal (par Rodin), Flaubert... Regagner le grand axe Est-Ouest et l'accès principal sur la place Edmond-Rostand, face au Panthéon.

4 Le RER Luxembourg est au Sud du carrefour de la place.

Le palais de Marie de Médicis

Tout commença en 1612. La reine Marie de Médicis, veuve du roi Henri IV, acquit la propriété du prince François de Luxembourg qui comportait un petit hôtel particulier (le petit Luxembourg actuel). Elle fit édifier un palais par Salomon de Brosse et aménager des jardins qui ressemblent à ceux de sa Florence natale (Pitti et Boboli). Ces jardins s'étendaient de la rue Notre-Dame-des-Champs à l'actuel boulevard Saint-Michel, car au Sud le couvent des Chartreux, établi là au Moyen Age (après en avoir chassé le « diable Vauvert »), l'empêchait d'acheter tous les terrains avoisinants.

La propriété changea de mains tout en restant dans la famille royale. A la fin du 18e siècle, le comte de Provence, le futur Louis XVIII, vendit 10 hectares à l'Ouest, pour se procurer les sommes nécessaires à la réhabilitation du palais.

La Révolution bouleversa palais et jardins : les Chartreux furent expulsés. Le jardin s'étendait maintenant en direction de l'Observatoire. Le palais servit de prison et nous valut un chef-d'œuvre pictural : le peintre Jacques-Louis David, largement compromis avec Robespierre, y fut emprisonné après le 9 thermidor, en sauvant (grâce à la peinture) sa tête de justesse. Il réalisa alors son seul paysage : la vue du jardin du Petit Luxembourg.

Fontaine de Médicis. *Photo C.M.*

Le palais du Sénat

A la Restauration, l'édifice fut attribué au Sénat et Alphonse de Gisors construisit la salle des séances de 1835 à 1841, en prolongeant le palais côté jardin mais en conservant le même style.

Nouvelle chance pour la peinture française : Eugène Delacroix fut invité à décorer la bibliothèque.

Hélas, le jardin subit les conséquences des grandes percées haussmaniennes. Il fut d'abord amputé au Nord-Est par la création de la rue de Médicis, puis au Sud par celle de la rue Auguste-Comte. Au centre, après le lotissement des terrains de la Pépinière, subsistait seulement l'avenue de l'Observatoire. Enfin l'Ecole des mines s'installa boulevard Saint-Michel, formant une enclave à l'Est… Le jardin connut alors son aspect actuel.

Sénat. *Photo C.M.*

Île Saint Louis
Quai de Bourbon
Rue Saint Louis en l'Île
Quai d'Anjou
Quai d'Orléans
Quai de Béthune
Rue des Deux Ponts
Rue Budé
R. Boutarel
Rue Poulletier
Rue de Bretonvilliers
Hôtel de Lauzun
Hôtel Lambert
Quai des Célestins
Voie G. Pompidou
Rue des Lions
Rue Beautreillis
Rue St Paul
Sully-Morland
Boulevard Henri IV
4e
Pavillon de l'Arsenal
Bibliothèque de l'Arsenal
Rue de Sully
Boulevard Morland
R. Agrippa d'Aubigné
Rue de Schomberg
R. de Brissac
Quai Henri IV
Pont de la Tournelle
Pont de Sully
Square Barye
Quai de la Tournelle
Bd Saint Germain
Rue Lemoine
Rue des Chantiers
Rue du Cardinal Lemoine
Rue des Fossés St Bernard
Institut du Monde arabe
Jardin Tino Rossi
Musée de la Sculpture en plein air
Seine
Universités Paris VI Pierre et Marie Curie et Paris VII Denis Diderot
Quai Saint Bernard
Place Jussieu
Jussieu
Rue Jussieu
Rue des Boulangers
Square des Arènes de Lutèce
Rue des Arènes
Rue Cuvier
R. Guy de la Brosse
Rue Linné
5e
R. de Navarre
Rue Lacépède
Vivarium
Jardin des Plantes
Ménagerie
Amphithéâtre
Hôtel de Magny
Jardin d'Hiver
Muséum National d'Histoire Naturelle
Rue Buffon
Passage Maurel
Place Valhubert
Gare d'Austerlitz
RER
Rue de Quatrefages
Pl. du Puits de l'Ermite
Grande Mosquée de Paris
Rue Geoffroy-Saint-Hilaire
Rue Desplas
Rue Georges Desplas
Rue Larrey
Rue Daubenton
R. du Gril
Rue Censier
Rue Nicolas Houël
Villa d'Austerlitz
Boulevard de l'Hôpital
13e
Rue Poliveau
Université P.III Censier
100 m
Hôpital de la Pitié-Salpêtrière
1
2
3
4
5

Le Jardin des Plantes

Il ne s'agit pas d'un simple jardin mais de tout un complexe scientifique avec ses bâtiments, ses laboratoires, ses musées, sa bibliothèque, son zoo… Occupant un vaste quadrilatère de superficie de 24 hectares, bordé par le quai Saint-Bernard et par les rues Cuvier, Geoffroy-Saint-Hilaire et Buffon, le Jardin des Plantes comprend deux parties : à gauche (vu de la Seine) un vaste jardin à la française, bordé par de vastes bâtiments; à droite un jardin à l'anglaise, dans lequel se dissimulent les bâtiments les plus anciens et la célèbre Ménagerie.

❶ Sortir du métro Austerlitz et se rendre à l'entrée principale située place Valhubert (général tué à Austerlitz). De là, admirer l'ampleur du jardin : au centre une série de petits parterres fleuris dont les collections sont renouvelées chaque saison, bordée d'une double rangée d'arbres. La partie droite, vers la Ménagerie, est composée d'une série de jardins distincs.
La statue de Lamarck préside à l'axe central.
Aller à gauche (statue de Fremiet) et prendre l'allée bordée d'une double rangée de platanes taillés en rideau. Le premier bâtiment est la galerie d'Anatomie comparée et de Paléontologie (F. Dutert, 1894-1895), dont l'entrée est ornée de 2 statues (grandeur nature) d'un stégosaure et d'un mammouth. Prendre l'allée, passer devant le manège pour enfants dont les montures représentent les pensionnaires de la ménagerie; faire le tour du jardin d'iris et de plantes vivaces.
Reprendre l'allée et passer le long de la deuxième galerie, consacrée à la Botanique, édifiée en 1930-1935 avec l'aide de la fondation Rockefeller.
Lui fait suite une troisième galerie : celle de la Minéralogie, de la Géologie et de la Paléobotanique (Rohault de Fleury, 1836) qui renferme 600 000 roches et minéraux, ainsi que des cristaux géants uniques au monde!
La longer en parcourant la roseraie. Poursuivre en ligne

Jardin des Plantes. *Photo C.M.*

Fiche pratique 6

1h30
3 Km

Situation
5-4e arrondissements

M ReR
métro ou RER de départ : Austerlitz (lignes 5, 10), RER (ligne C)
métro d'arrivée : Sully-Morland (ligne 7)

À voir

Parcs et jardins

- Jardin des Plantes : plantations, jardin Alpin, roseraie, labyrinthe, cèdre de Jussieu (1734), gloriette de Verniquet, robinier de 1635; serres, École de botanique…
- Muséum national d'Histoire naturelle : cinq galeries (Anatomie comparée et Paléontologie; Minéralogie, Botanique, Géologie, Paléobotanique; Entomologie ; Evolution). Librairie, bibliothèque-médiathèque, Ménagerie
- jardin Tino-Rossi et musée de Sculptures en plein air

Autres sites

- Mosquée de Paris
- Institut du monde arabe
- Arènes de Lutèce
- musée de Minéralogie
- pont de Sully et île Saint-Louis
- l'Arsenal : pavillon et bibliothèque

droite dans la cour dallée, regarder la maison de Buffon (qu'il habita de 1771, date de la construction, jusqu'à sa mort en 1787), abritant une librairie, et aller jusqu'à l'entrée sur la rue Geoffroy-Saint-Hilaire pour admirer la Grande Mosquée de Paris et son minaret (1922-1926).

❷ Faire demi-tour et regarder la vaste esplanade située devant la Galerie de l'Evolution dont les majestueux bâtiments (J. André, 1877-1889) récemment rénovés (Chemetov et Huidobro, 1994) abritent une exceptionnelle collection d'animaux naturalisés et bien d'autres merveilles. La statue de Buffon lui fait face, marquant l'axe central.
Prendre à gauche et passer entre les grandes serres (Rohault de Fleury, 1834-1836), en remarquant à gauche les bâtiments récents de la bibliothèque-médiathèque.
Dépasser les serres, pénétrer dans les jardins à l'anglaise. Aller à gauche pour monter sur le labyrinthe couronné par la gloriette, que Verniquet éleva en 1787 (le plus vieil édifice métallique de Paris), et en redescendre au milieu d'arbres rares : érable de Crète, thuyas d'Orient, chêne à gros fruits, cèdre du Liban planté par Jussieu en 1734.

❸ Aller jusqu'à l'entrée à l'angle de la rue Cuvier pour jeter un coup d'œil à la curieuse fontaine ornée d'animaux (Magny).
Revenir sur ses pas et descendre en remarquant les bâtiments les plus anciens, situés le long la rue Cuvier *(poste de garde)* ainsi que l'hôtel de Magny occupé par la direction du Muséum, et l'amphithéâtre, construit par Verniquet en 1794. Les statues de Chevreul et de Bernardin de Saint-Pierre ornent cette partie du jardin.
Regagner la partie principale et emprunter immédiatement à gauche l'allée latérale, également bordée d'arbres.
Longer à droite les parterres clos de l'Ecole de botanique et remarquer à gauche un jardin aussi original que reposant : le jardin Alpin. Regagner l'entrée principale.
Les amateurs d'animaux sauvages pourront, en acquittant le prix d'entrée, traverser la Ménagerie et admirer ses bâtiments anciens (rotonde des éléphants édifiée par Molinos en 1810) ou plus modernes (fauverie, vivarium).

❹ Sortir du jardin, traverser le quai Saint-Bernard, descendre sur le port Saint-Bernard où a été aménagé le **jardin Tino-Rossi** (3,1 hectares).
Remonter au pont Sully, face à l'Institut du monde arabe, à l'architecture moderne (Nouvel, Bernard, Soria, Lezenes, 1982-1987).

❺ Traverser le pont Sully et gagner le métro Sully-Morland sur la rive droite.

Des plantes médicinales au Muséum

En 1635, sous le règne de Louis XIII, les médecins du roi Hérouard et Guy de la Brosse créèrent le Jardin royal des plantes médicinales, qui devint par un décret de la Convention de 1793 Muséum d'histoire naturelle. Dès 1794, on constitua une ménagerie à partir des

Roseraie. *Photo C.M.*

Jardin Alpin. *Photo C.M.*

ménageries foraines qui avaient été supprimées et des animaux des domaines royaux. Au 19e siècle, les collections du Muséum s'enrichirent grâce aux nombreuses expéditions scientifiques. Au 20e siècle, le Muséum s'agrandit et se modernisa : galerie de Botanique (1935), laboratoires de la rue Cuvier (1939). Toujours dans les années 1930, on transforma le musée d'Ethnographie du Trocadéro (musée de l'Homme au palais de Chaillot) et on créa le Parc zoologique de Paris, au bois de Vincennes. En 1994, après de longs travaux, la galerie de Zoologie fut rénovée et devint la Grande Galerie de l'Evolution.

Le Muséum national d'histoire naturelle

Il offre une des plus grandes collections mondiales de sciences de la nature et de sciences de l'homme. La recherche est menée par 26 laboratoires spécialisés et par l'enseignement supérieur. Pour tout public, le Muséum présente ses animations, expositions et collections : galeries, serres, arboretum (Chèvreloup dans les Yvelines) et jardins botaniques, parcs zoologiques, dont le zoo de Vincennes *(voir page 138)* et la Ménagerie du Jardin des Plantes qui présente sur un parc de 5 hectares 130 reptiles, 240 mammifères, 500 oiseaux…

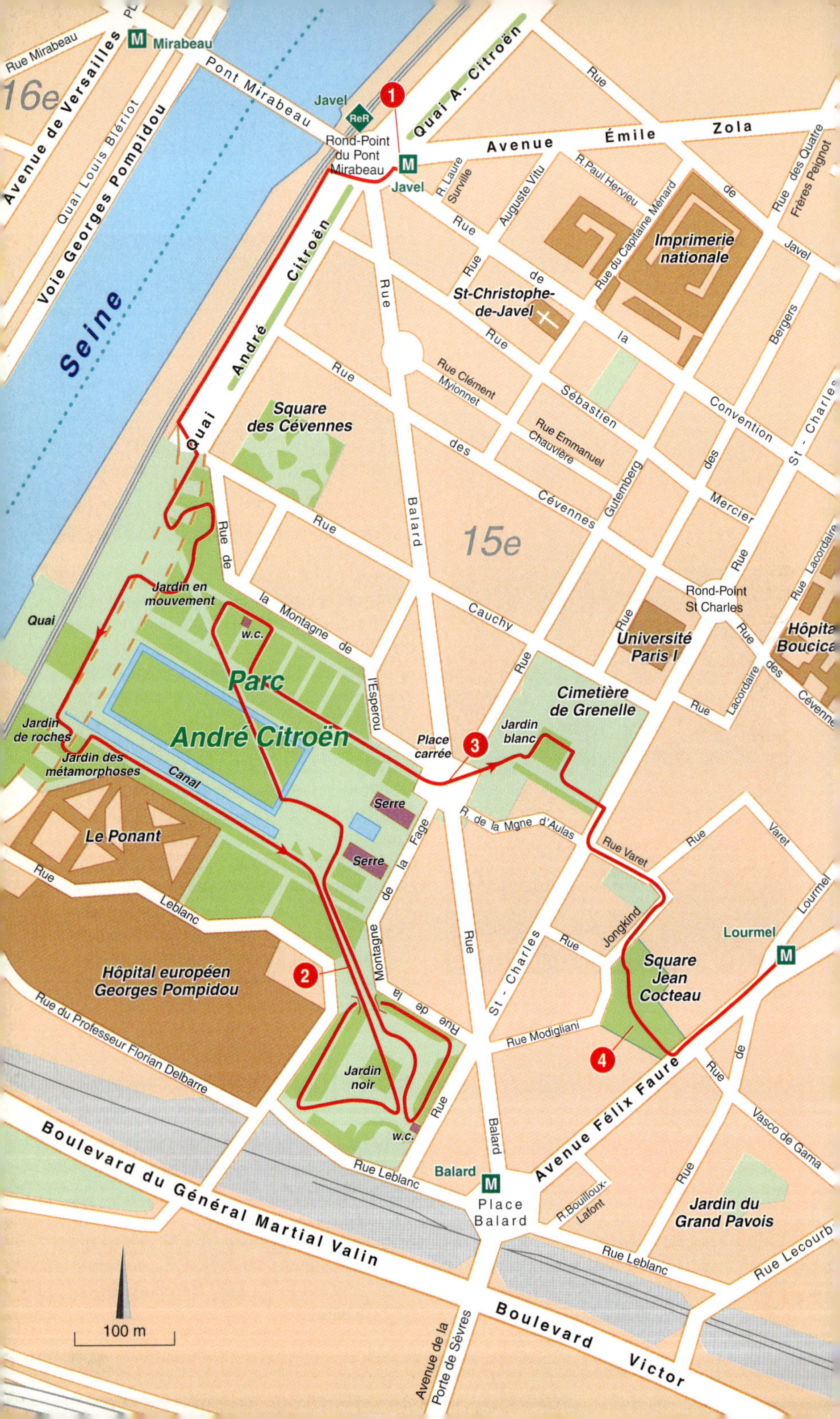

Rue Mirabeau
Mirabeau
16e
Avenue de Versailles
Quai Louis Blériot
Voie Georges Pompidou
Pont Mirabeau
Seine
Javel
ReR
Rond-Point du Pont Mirabeau
Javel
Quai A. Citroën
Avenue Émile Zola
R. Laure Surville
Auguste Vitu
R.Paul Hervieu
Rue du Capitaine Ménard
Imprimerie nationale
Rue des Quatre Frères Peignot
Rue de Javel
St-Christophe-de-Javel
Rue de la Convention
Rue Clément Myionnet
Rue Sébastien Mercier
Rue Emmanuel Chauvière
Rue des Cévennes
Gutemberg
Rue Balard
Quai André Citroën
Square des Cévennes
15e
Rue St - Charles
Rue Lacordaire
Rond-Point St Charles
Université Paris I
Hôpital Boucicaut
Rue des Cévennes
Rue Cauchy
Rue de la Montagne de l'Esperou
Jardin en mouvement
w.c.
Quai
Parc André Citroën
Jardin de roches
Jardin des métamorphoses
Canal
Place carrée
Cimetière de Grenelle
Jardin blanc
Serre
Serre
R. de la Mgne d'Aulas
Rue Varet
Le Ponant
Rue Leblanc
Rue de la Montagne de la Fage
Rue Jongkind
Lourmel
Rue Lourmel
Square Jean Cocteau
Hôpital européen Georges Pompidou
Rue du Professeur Florian Delbarre
Rue de la Montagne de la Fage
Rue Modigliani
Jardin noir
w.c.
Rue Balard
Avenue Félix Faure
Rue de Vasco de Gama
Rue Leblanc
Balard
Place Balard
R.Bouilloux-Lafont
Jardin du Grand Pavois
Boulevard du Général Martial Valin
Rue Leblanc
Rue Lecourbe
100 m
Avenue de la Porte de Sèvres
Boulevard Victor
1
2
3
4

Le parc André-Citroën

Fiche pratique **7**

1 h 30
3 Km

Situation
15e arrondissement

M / ReR métro ou RER de départ : Javel-André-Citroën (métro ligne 10, RER ligne C)

métro d'arrivée : Lourmel (ligne 8)

Annonçant le 3e millénaire, ce nouveau parc public, intégré dans un ensemble architectural ultramoderne, est l'une des créations majeures de la Ville de Paris, comme le parc de Bercy. C'est sur l'emplacement de l'usine Citroën que le parc fut inauguré en 1992. D'une superficie de 14 hectares, il est le seul à s'ouvrir directement sur la Seine, offrant une très belle perspective…

❶ Sortir du métro Javel. Suivre le quai André-Citroën vers le Sud, par le trottoir côté Seine (à gauche immeuble de Canal+). Entrer dans le parc André-Citroën.
Pénétrer dans le parc et aller aussitôt à gauche dans le « jardin en Mouvement ».
Revenir sur l'allée parallèle à la Seine et déboucher sur le vaste parvis qui termine la pelouse centrale, ce qui permet d'apprécier l'ampleur de sa perspective, terminée au Sud-Est par deux grandes serres.
Longer le viaduc du RER sous lequel le parc se prolonge par un accès dallé jusqu'à la Seine.
Monter sur la terrasse à l'extrémité du canal ; parcourir le jardin de Roches et le jardin des Métamorphoses.
S'orienter au Sud-Est et longer le Grand Canal bordant la pelouse centrale sur son flanc Sud.
Atteindre le péristyle végétal et emprunter la diagonale qui traverse tout le jardin du Nord au Sud.

❷ Pénétrer dans le jardin Noir, traverser son espace central, aménagé en creux, tourner à droite. Plus loin, à l'angle, descendre sur une allée encaissée qui fait le tour de ce jardin sur 3 côtés : parcourir ainsi une succession

Jardin en Mouvement. *Photo DPJEV.*

À voir

Parcs et jardins

- parc André-Citroën : péristyle d'eau, orangerie et serres, jardin méditerranéen, jardin Blanc, jardin Noir, pelouse centrale, jardins sériels, jardin de Roches…
- squares : Jean-Cocteau, Cévennes, Grand-Pavois…
- pelouses du Front de Seine
- cimetière de Grenelle

Autres sites

- pont Mirabeau
- viaduc du RER
- église Saint-Christophe-de-Javel

Viaduc du RER. *Photo DPJEV.*

d'espaces végétaux, les « clos », contenant en particulier des conifères taillés, à l'aspect de bonzaïs géants. Des plaques précisent le nom des plantations.
Rebrousser chemin par la diagonale et aller à droite pour passer devant la serre monumentale de l'Ouest, qui abrite une orangerie.
Descendre le terre-plein central dallé, qui fait suite à des jeux d'eau situés entre les deux serres.
Reprendre la diagonale à travers la pelouse entièrement ceinturée par une lisière d'eau (longée par le Grand Canal au Sud) et aller jusqu'au dernier des jardins Sériels qui occupent toute la frange Nord-Est du parc, divisée en 6 jardins parallèles, séparés entre eux par des « coursiers d'eau ».
Des accès situés côté pelouse permettent d'y pénétrer, tandis qu'une passerelle offre une vue plongeante sur chacun d'entre eux. Une petite serre clôt chaque espace et l'isole des immeubles voisins. Traverser toute cette zone d'Ouest en Est, tantôt par les allées basses, tantôt par la passerelle, ce qui permet d'approfondir la connaissance de chaque jardin *(voir ci-contre).*
Arriver au Péristyle végétal, longer la serre monumentale de l'Est, qui abrite un jardin méditerranéen.

Jeux d'eau.
Photo DPJEV.

❸ Sortir du parc et traverser, en diagonale, la place Carrée coupée par la rue Balard.
Pénétrer dans le jardin Blanc.
Ressortir sur la rue Saint-Charles et la traverser.
Prendre en face et légèrement à droite la rue Varet, puis à droite la rue Jongkind bordée d'un terrain de sports et atteindre le **square Jean-Cocteau**, jardin d'immeubles de 6 010 m^2 orné de rosiers et d'une fontaine en pierre.

❹ Le traverser, sortir sur l'avenue Félix-Faure et remonter à gauche jusqu'au métro.

De l'eau de Javel à l'usine Citroën

Le paisible petit port du nom de Javel, où l'on venait canoter et fréquenter les guinguettes depuis le 15e siècle, fut transformé dès 1777 par l'installation d'une manufacture de produits chimiques. Le comte d'Artois (futur Charles X qui accéda au trône en 1824) y inventa la fameuse eau désinfectante baptisée du nom du village. La réussite du comte et de son eau de Javel attira de nombreux autres industriels, jusqu'à l'installation de l'usine de l'ingénieur André Citroën, en 1915.
Pendant la Première Guerre mondiale, Citroën s'était spécialisé dans la fabrication de munitions et fit rapidement fortune avec une production qui atteignait 20000 obus par jour. La paix revenue, il reconvertit l'usine et se lança dans la construction automobile. Alors que 30 voitures sortaient chaque jour de ses chaînes de montage en 1919, elles en produisaient déjà 250 en 1924. Innovateur dans l'âme, Citroën fut le premier à utiliser le ciel à des fins publicitaires, à l'aide des fumées d'un avion. Son succès lui permit de s'agrandir et une usine flambant neuve de 55000 m2 fut édifiée. Elle fut le berceau de la Traction avant, de la 2 CV et de la DS. En 1958, le conseil municipal de Paris décida de donner le nom d'André Citroën au quai de Javel. En 1972, la dernière DS sortait des chaînes de montage. Les activités de l'usine furent transférées à Aulnay-sous-Bois ; seul le siège devait demeurer quai André-Citroën, jusqu'au 6 octobre 1982, date à laquelle la totalité des activités des usines Citroën quittèrent ce lieu légendaire.

Jardin à thèmes

Pour renouer avec les anciennes promenades en bord de Seine (autour du moulin de Javel par exemple), des paysagistes (Alain Provost, Gilles Clément) ont travaillé étroitement avec des architectes (Patrick Berger, Jean-Paul Viguier, Jean-François Jodry), synthétisant nature et artifice, aboutissant à un parc où l'eau et le verre déterminent l'espace. Sur un hectare, l'eau est omniprésente : grand canal, cascades, nymphées, jets, fontaines, bassins… Le parc André-Citroën est rythmé par de multiples jeux d'eau, dont le plus spectaculaire surgit entre les deux serres de 15 m de haut, monumentales et transparentes. Six petites serres situées dans les jardins Sériels du Nord-Est du parc répondent aux 6 jardins (baptisés d'une couleur de plantation) dont les couleurs sont associées à un métal, un sens, ou à un jour de la semaine, une planète, un état de l'eau :

le bleu = le cuivre et l'odorat
le vert = le mercure et l'ouïe
l'orange = l'étain et le toucher
le rouge = le fer et le goût
l'argent = l'argent et la vue
le doré = l'or et le « 6e sens »…

Le jardin des Métamorphoses évoque la « transmutation alchimique de l'or et du plomb ». Le jardin en Mouvement est une vaste prairie sauvage où des bambous et des arbres plus classiques se mêlent à des floraisons sans cesse changeantes. Vous y verrez peut-être la corneille noire, le plus gros oiseau qui niche à Paris.

Impasse Reille
Avenue Reille
Rue des Artistes
Avenue René Coty
Rue Saint - Yves
14e
Avenue Reille
Rue Lemaignan
Rue de l'Amiral Mouchez
Guignol
W.C.
Square de Montsouris
Rue Georges Braque
Rue Nansouty
Colonne
PARC
DE
MONTSOURIS
Rue Gazan
Colonne Flatters
Rue du Parc de Montsouris
Villa du Parc
Jeux
W.C.
W.C.
Jeux
Restaurant
Kiosque
Cascade
Belvédère
Station météo
Ex-pavillon du Bardo
Entretien
Colonne
Mire du Sud
Boulevard Jourdan
1
2
3
Cité Universitaire
Cité internationale universitaire de Paris
100 m

Le parc de Montsouris

Fiche pratique **8**

1 h
2 Km

78 m
66 m

Situation
14e arrondissement

RER de départ et d'arrivée : Cité Universitaire (ligne B)

Ce vaste parc à l'anglaise, dessiné par Alphand au 19e siècle, garde par ses formes vallonnées le souvenir de son passé. Aujourd'hui, ses 15 hectares forment le lieu de détente favori des étudiants de la Cité universitaire voisine ou des habitants du quartier, offrant ses pelouses, ses arbres majestueux, ses oiseaux et ses loisirs…

❶ Sortir du RER Cité-Universitaire sur le boulevard Jourdan à gauche et pénétrer dans le parc par une porte située à côté.
Après un croisement, descendre vers la gauche par une allée qui longe en contrebas le RER.
Arriver à un carrefour qui mène au belvédère au sommet de la cascade, d'où vous pourrez profiter d'une très belle vue.
Continuer l'allée et descendre en longeant à gauche le ruisseau qui descend de la cascade. Franchir le ruisseau et déboucher sur une petite place *(restaurant, aire de jeux, kiosque et toilettes).*

❷ Longer la rive Est du lac et contourner l'îlot triangulaire orné de deux catalpas et de deux cèdres du Liban, à proximité de la sortie à l'angle de l'avenue Reille et de la rue Gazan *(toilettes).*
Prendre à gauche, passer devant le Guignol et aborder la rive Ouest du lac. Abandonner celle-ci et monter une allée , d'où un escalier conduit à la passerelle du RER.

❸ Arriver sur une place, avec des jeux pour enfants, surplombée de la colonne de la Mission Flatters. Descendre à droite le long de la grande pelouse dont

Parc de Montsouris. *Photo C.M.*

À voir

Parcs et jardins

- parc de Montsouris : panorama vers Paris, 1 400 arbres, plantations, statues, mire de l'Observatoire (méridien), station météorologique, lac…

Autres sites

- Cité universitaire
- Petite Ceinture
- Catacombes de Paris

Photo C.M.

l'extrémité est ornée par une haute colonne. Remonter de l'autre côté de la grande pelouse. Prendre à la fourche *(toilettes)*, continuer à monter en passant à droite d'un séquoia, avant les bâtiments de la station météorologique.
Suivre la grande allée parallèle au boulevard Jourdan.
Passer devant la mire du Sud qui indique (avec un certain décalage) le méridien de Paris, venant de l'Observatoire (la mire du Nord se trouve à Montmartre dans une propriété privée).
Faire le tour de l'esplanade où se situait le pavillon du Bardo, rescapé d'une exposition, mais détruit par un incendie en 1991 *(vue).*
Observer la haute colonne faisant partie de la station météo, repasser devant la mire du Sud, reprendre la grande allée, franchir le RER et ressortir par la porte d'entrée voisine pour retrouver le RER. ❶

A l'ombre des arbres centenaires. *Photo C.M.*

Le refuge des oiseaux

Vous vous y reposerez à l'ombre de ses 1 400 arbres, souvent centenaires. A côté du pavillon de Météo France, un séquoia géant dresse son tronc boursouflé ; sur le plateau au-dessus du lac, un platane d'Orient à l'envergure majestueuse vous impressionnera. Vous découvrirez au bord du lac le ginkgo biloba (le plus grand arbre) l'arbre de Judée, le tilleul argenté, les hêtres, le séquoia vert, le kaki, l'orme de Sibérie…
Cette végétation attire de nombreuses espèces d'oiseaux : sittelle torchepot, mésange huppée, geai des chênes… Ils trouvent refuge dans les nichoirs disposés à leur intention sur la petite île, qui accueille aussi des tortues de Floride apportées il y a quelques années par la SPA. Regardez les canards colverts et les cygnes tuberculés sillonner tranquillement le lac. Et surtout tendez l'oreille en hiver, pour entendre le cri de la mouette rieuse ou du foulque macroule.

Moque-souris

Le nom de Montsouris viendrait de « moque-souris ». Il évoque des temps anciens où les moulins à vent laissés à l'abandon n'offraient même plus assez de grain pour nourrir les rongeurs !
On raconte une histoire diabolique sur ce lieu. Selon cette légende, sur les berges, vivait un diable appelé Hennequin, entouré d'une bande de diablesses : les Hennequines. C'est lui qui, au bord d'un marécage de la Bièvre, accompagnait les âmes des morts que l'on n'avait pas voulu enterrer…

Fraîcheur du lac. *Photo C.M.*

Les grands travaux de Napoléon III

En créant le parc Montsouris, Napoléon III voulait s'inspirer des parcs londoniens. Les espaces verts avaient maintenant une fonction sociale importante ; ils étaient des lieux de rencontre où se mêlaient toutes les classes sociales, une vision très moderne qui prévaut encore.
Le 14e arrondissement était peu peuplé jusqu'en 1860. Achevé en 1878, le parc Montsouris faillit ne jamais voir le jour. Il fut construit sur une partie des anciennes carrières de Montrouge, qui accueillait à la fin du 18e siècle une nécropole où près de 6 millions d'ossements furent transférés. Ce passé avait laissé des traces et les concepteurs furent confrontés à un sous-sol labyrinthique et à la présence de deux voies ferrées qui s'étaient ajoutées au problème précédent. La guerre de 1870 avec la Prusse n'arrangea pas la situation, le gouvernement ayant alors bien d'autres préoccupations que la création d'un parc. Napoléon III et le préfet Haussmann réalisèrent malgré tout ce projet car ils voulaient doter d'un grand espace vert chacun des points cardinaux de Paris. Le bois de Boulogne, le bois de Vincennes et le parc des Buttes-Chaumont, associé au parc Montsouris, exaucèrent leur vœu.

Photo C.M.

Rue de Rambouillet
Rue Villiot
Ministère de l'Économie et des Finances
Place du Bataillon du Pacifique
Bercy
Boulevard de Bercy
Gare de Paris-Bercy
Rue Corbineau
Rue de Bercy
Avenue Daumesnil
Rue de Charolais
Rue de Charen
Rue
Palais omnisports de Paris-Bercy
Quai de Bercy
Rue Jean Renoir
Rue G. Gershwin
Rue de Pommard
12 e
N.D. de la Nati
Le Parc de Bercy
Chai de Bercy
Orangerie
Maison du Jardinage
Folie
Passerelle Simone de Beauvoir
Quai François Mauriac
Seine
Rue de Dijon
R. Baron le
Rue de l'Aubrac
R. de G. Lame
Rue Joseph Kessel
Le jardin du Philosophe
La vallée
Belvédère
Le tertre
Maison du Lac
Cour St-Émilion
Cour Saint-Émilion
Rue F. Truffaut
Rue des Pirogues de Bercy
Bibliothèque nationale de France F. Mitterrand
13 e
Pont de Tolbiac
Rue Neuve Tolbiac
Quai Panhard et Levassor
Place des Vins de France
R. de Libourne
Av. des Terroirs de
Ber Ex
200 m
Bibliothèque

Le parc de Bercy

Situé en bordure de Seine, entre le Palais Omnisports de Paris-Bercy et les chais de la Cour Saint-Emilion, ce parc au tracé résolument contemporain a gardé un charme particulier, lié à son passé viticole. C'est un élément indispensable de cette partie Sud-Est de la capitale, qui voit se développer depuis quelques années de nombreuses réalisations. Le parc de Bercy abrite un grand nombre d'oiseaux comme le verdier d'Europe, que vous apercevrez peut-être, si vous n'êtes pas trop distrait par toutes les animations proposées dans ce parc de 13 hectares…

❶ Sortir du métro dans l'angle Est du parc, sur la rue François-Truffaut. Pénétrer immédiatement dans le parc ; monter la longue allée en spirale qui mène au sommet du Belvédère.

De là, la vue s'étend sur toute la partie Est du parc, qui constitue la deuxième partie du jardin Romantique.

La Maison du Jardinage. *Photo DPJEV.*

La Maison du Lac, entourée par un bassin circulaire, en constitue le centre. Une population nombreuse et variée de canards anime cet endroit.

Descendre du Belvédère directement par l'escalier, en direction de la très curieuse sculpture Demeure X d'Etienne Martin, puis sur la Maison du Lac par les passerelles. Revenir vers le Belvédère et enfiler à gauche la Vallée, chemin qui serpente dans les graminées.

A son extrémité continuer jusqu'au jardin du Philosophe, bordé par des arcades provenant du marché Saint-Germain. Revenir vers la Maison du Lac, et admirer (en saison) les floraisons du Tertre. La Maison du Lac, ancien poste des gardes de l'entrepôt, abrite des expositions temporaires consacrées aux métiers des jardins, par exemple les bûcherons. Des conférences-projections sur l'art des jardins et les plantes y sont proposées.

❷ Franchir la rue Joseph-Kessel par la passerelle en escalier. Au sommet de la passerelle, remarquer à droite au bout de la rue, la petite église Notre-Dame-de-la-Nativité de

Fiche pratique 9

1 h 30
2,5 Km

Situation
12e arrondissement

M métro de départ : Cour Saint-Emilion (ligne 14)

métro d'arrivée : Bercy (lignes 6, 14)

À voir

Parcs et jardins

- chai de Bercy
- l'Orangerie
- la Maison du Jardinage
- la Maison du Lac
- le P.O.P.B.

Autres sites

- église Notre-Dame-de-la-Nativité
- cour Saint-Emilion
- vue de la terrasse sur le jardin et la Bibliothèque nationale de France
- bords de Seine

Photo DPJEV.

Bercy, située sur la charmante place Lachambeaudie. C'est le cœur du vieux village de Bercy, annexé à Paris en 1860. Redescendre dans ce qui est tout d'abord la première partie du jardin romantique et remarquer à gauche les ruines d'une petite folie.
Se diriger vers la droite et franchir le canal agrémenté d'une pergola qui constitue l'armature de cette partie.
Tourner ensuite à gauche et aborder la partie centrale du parc, dite les Parterres, composée de 9 jardins à thème : soit 9 carrés rangés 3 par 3 qui forment un grand carré, dont l'axe est incliné par rapport à la composition générale du parc, pour mettre en valeur les rails des voies ferrées qui desservaient le site.
Flâner en zigzag dans cette partie du parc en n'oubliant aucun des 9 carrés…

1 Le potager, bordé par le **Chai de Bercy.** Il abritait une chaîne d'embouteillage (*voir pages 70-71*).
2 L'Observatoire (l'Hiver, l'Air, le Blanc) où de hautes colonnes, rangées en cercle, entourent des instruments de mesures (anémomètres) : c'est le pavillon du Vent.
3 Le verger, bordé par une longue **Orangerie**, hall vitré moderne, abrite les végétaux du parc ou présente des expositions d'art contemporain.
4 Les treilles (l'Automne, le Feu, le Rouge) sont marquées par une haute cheminée en brique rouge. C'est dans ce carré que le souvenir de Bercy se perpétue grâce aux 400 pieds de vigne qui se partagent les 660 m2 de la treille. Les cépages sauvignon et chardonnay donnent une récolte de 200 litres, vinifiés en blanc. Le chasselas et le muscat complètent la récolte avec du raisin de table.

Photo C.M.

5 La Maison du Jardinage et sa serre se situent au centre de la composition de l'ensemble du parc. La Maison du Jardinage (ancien bureau de perception des taxes) propose des visites guidées et des cours de jardinage. Vous pourrez aussi profiter de ses salles d'initiation au jardinage. Sa petite terrasse offre une jolie vue sur le parc.
6 Les Bulbes (le Printemps, l'Eau, le Vert) : un vaste cône et des bassins en marquent la composition.
7 La roseraie.
8 Le labyrinthe (l'Eté, la Terre, le Noir).
9 Le jardin des Senteurs.

Il est difficile d'indiquer au promeneur un sens préférentiel à cet ensemble, abordé par le carré n° 3. Un zigzag dans le sens 3, 6, 9, 8, 5, 2, 1, 4, 7, permet d'aborder chaque carré sans en oublier un seul, mais on peut aussi obtenir un même résultat en faisant 3, 2, 1, 4, 5, 6, 9, 8, 7 (itinéraire proposé sur la carte).

Au sortir du carré n° 7, aborder la dernière partie dite **la Grande Prairie**.

La composition, beaucoup plus ouverte que les précédentes, permet d'admirer les superbes arbres heureusement conservés. C'est un lieu idéal à la fois pour le jeu, le repos et la promenade.

Se diriger à droite pour remarquer *(hors parc)* l'étrange construction destinée initialement au Centre culturel américain (1994), qui devrait devenir un musée du cinéma. Son architecte, Frank Gehry, amateur de courbes, a réalisé récemment le musée de Bilbao.

Le Jardin des Senteurs. *Photo DPJEV.*

❸ Revenir sur la gauche et monter les marches qui mènent à la terrasse située au-dessus du parking. C'est de là que s'élance la passerelle, qui par-dessus la Seine permet de rejoindre directement la Bibliothèque nationale de France, dont les 4 tours en forme de livre se voient bien de ce belvédère.

Cette terrasse, plantée d'environ 200 tilleuls, s'allonge en balcon sur toute la longueur du parc. Des accès réguliers permettent de redescendre au parc *(toilettes dans l'accès proche du carré n° 9)*.

Regagner le jardin par les grandes marches et se diriger à gauche vers le très original Canyoneaustrate, une sculpture-fontaine de Gérard Singer qui s'anime lorsque l'eau coule du bassin en losange qui le borde. Ici finit le parc. Aborder l'imposant POPB aux pelouses en forte pente, partir vers la droite et rejoindre, au-delà de la rue de Bercy, le vaste terre-plein triangulaire où l'on trouve le métro Bercy. ❹

Sculpture-fontaine Canyoneaustrate. *Photo C.M.*

Les entrepôts de Bercy

De l'activité incessante des entrepôts, qui fournissaient en vin Paris et toute la France, plusieurs vestiges viticoles ont été conservés : le chai de Bercy (ancienne chaîne d'embouteillage), la Maison du Lac (ancien poste des gardes des entrepôts), la Maison du Jardinage (ancien poste de perception des taxes). Les rues pavées révèlent encore leurs rails qui permettaient la circulation des wagons-citernes partant ou arrivant de l'ancienne gare de la Rapée. Les ruines d'une petite folie du 18e siècle gisent parmi les 200 arbres centenaires qui virent passer plusieurs générations de négociants en vin. Ils avaient été attirés par l'alliance de deux avantages : la proximité de la capitale et l'absence de taxes... puisque les entrepôts étaient situés en dehors des limites de Paris ! Les Parisiens s'y pressaient tous les jours : le vin y coulait à flots, car il était bien moins cher qu'à Paris, et on prenait du bon temps dans les guinguettes qui avaient investi les bords de Seine.

Les anciens rails. *Photo C.M.*

Maison du Lac. *Photo DPJEV.*

Chai de Bercy. *Photo DPJEV.*

Le vignoble parisien

Vignes de Bercy. *Photo DPJEV.*

Paris, la vigne et le vin ont un passé commun. C'est à l'époque romaine que Lutèce commença à planter des vignes. Au 18e siècle, Paris abritait l'un des plus grands vignobles d'Europe ! Son déclin date seulement du 19e siècle, lorsque Paris subit une urbanisation intense.

La vigne est cultivée dans les pays tempérés, le froid de l'hiver lui étant indispensable. Greffe, bouturage et marcottage concourent à l'obtention des plants, qui ne commencent à produire qu'au bout de 3 ou 4 ans, et ceci pendant 30 à 50 ans seulement !

La Mairie de Paris possède aujourd'hui trois vignes dans les parcs de Bercy, de Belleville et Georges-Brassens, une autre rue Georges-Lardennois dans le 19e arrondissement, et bien sûr la célèbre vigne de Montmartre dont les vendanges occasionnent chaque année une grande fête.

Maison du Lac. *Photo DPJEV.*

La Madeleine
Place de la Madeleine
Madeleine
Bd Malesherbes
Rue de l'Arcade
Rue de Surène
Rue Montalivet
Rue de Duras
Rue d'Aguesseau
Rue d'Anjou
Cité du Retiro
Boissy d'Anglas
Cité Berryer
Royale
Rue du Faubourg Saint-Honoré
Rue du Faubourg Saint-Honoré
Rue Saint-Florentin
R. de Rivoli
1er
8e
Palais de l'Élysée
Rue de l'Élysée
Avenue de Marigny
Rue du Cirque
Rue Rabelais
Jean Mermoz
Rue de Ponthieu
Rue du Colisée
Avenue Franklin
Champs-Élysées
Avenue Matignon
Avenue Gabriel
Marché aux timbres
Guignol
Manège
Théâtre Marigny
Rond-point des Champs-Élysées
Franklin-D. Roosevelt
Avenue Montaigne
Avenue des Champs-Élysées
Pavillon Élysée
Pavillon Gabriel
Espace Cardin
Ambassade des États-Unis
Concorde
Ministère de la Marine
Théâtre du Rond-Point
Avenue de Selves
Place Clémenceau
Champs-Élysées Clémenceau
Avenue du Général Eisenhower
Impasse d'Antin
D. Roosevelt
Rue Jean Goujon
Place François 1er
Rue Bayard
François 1 er
St-Jean-Baptiste
Grand Palais
Palais de la Découverte
Av. Winston Churchill
Av. Charles Girault
Petit Palais
Avenue Dutuit
Ledoyen
Kiosque
Avenue Edward Tuck
Place de la Concorde
Obélisque
Jeu de Paume
Jardin des Tuileries
Orangerie
Square Jean-Perrin
Cours Albert Ier
Cours de la Reine
Port de la Conférence
Port des Champs-Elysées
Pont des Invalides
Pont Alexandre III
Pont de la Concorde
1
2
3
4
100 m

Les jardins des Champs-Elysées

Fiche pratique 10

1 h
2,5 Km

Situation
8e arrondissement

M métro de départ et d'arrivée : Franklin-D.-Roosevelt (lignes 1, 9)

En dehors du Grand-Palais et du Petit-Palais, beaucoup omettent de s'attarder sur les somptueuses autres constructions qui jalonnent le parcours des Champs-Elysées. Nombre d'entre elles étaient autrefois des hôtels particuliers, reconvertis aujourd'hui dans la gastronomie ou le théâtre. De superbes arbres, des statues insolites complètent et agrémentent cette randonnée, qui révèle beaucoup de surprises au promeneur attentif.

❶ Partir de l'avenue Matignon, pénétrer dans le jardin à hauteur du Théâtre de Marionnettes (Au vrai Guignolet, fondé en 1818). Poursuivre en ligne droite en laissant à gauche le manège, puis le restaurant Laurent (Hittorf) précédé d'une belle fontaine surmontée de quatre putti, porteurs de grappes et de gerbes. Contourner par la gauche le théâtre Marigny (ancien Panorama construit par Garnier en 1883). Les côtés de cet îlot, bordés par les avenues Matignon et Gabriel, accueillent le marché aux Timbres : bourse aux timbres, cartes postales, cartes de téléphone, etc.

❷ Traverser l'avenue de Marigny. Longer l'avenue Gabriel en admirant la grille du Coq qui marque l'extrémité Sud du palais de l'Elysée puis pénétrer à droite dans le jardin. Du parterre de gauche, remarquer les statues d'Alphonse Daudet (1902) et de Georges Pompidou (1984). Remarquer à droite le Pavillon Elysée (Hittorf). Poursuivre par l'allée Marcel-Proust, en observant ses arbres originaux. Contourner l'îlot central et sa fontaine par la gauche et remarquer le pavillon Gabriel, puis l'espace Cardin (ancien théâtre des Ambassadeurs). A l'extrémité de l'îlot, aller à droite vers l'extrémité de l'avenue des Champs-Elysées, d'où l'on voit à gauche l'ambassade des Etats-Unis.

Photo C.M.

À voir

Parcs et jardins

- jardins des Champs-Elysées et perspectives dans les deux sens
- square Jean-Perrin

Autres sites

- Grand-Palais et Petit-Palais
- Palais de la Découverte
- statues de Clemenceau et de Churchill
- palais de l'Elysée
- marché aux Timbres
- Concorde
- Madeleine

Fontaine. *Photo C.M.*

❸ Traverser la chaussée, en admirant d'un côté la magnifique remontée de l'avenue vers l'Arc de Triomphe de l'Etoile, situé à 2 kilomètres, et de l'autre côté le décor grandiose de la place de la Concorde, l'obélisque, les deux fontaines et les huit statues évoquant des villes françaises, l'hôtel de Crillon et le ministère de la Marine, la masse boisée des Tuileries et les chevaux de Marly (originaux au Louvre).
Longer la place en direction de la Seine, en découvrant peu à peu les monuments de la rive gauche : musée d'Orsay, église Sainte-Clotilde, Assemblée nationale, ministère des Affaires étrangères, tour Eiffel.
Remonter l'avenue Edward-Tuck et gagner le kiosque à musique. Se diriger en ligne droite vers une fontaine entourée de beaux arbres qui précède le restaurant Ledoyen (Hittorf). Reprendre l'avenue Edward-Tuck et longer la façade Sud du Petit-Palais.

❹ Traverser l'avenue Winston-Churchill, profitant au passage de deux vues intéressantes : au Nord les façades du Petit-Palais et du Grand-Palais. Construit par Charles Girault pour l'Exposition universelle de 1900, le Grand-Palais est orné à chaque extrémité d'extraordinaires quadriges en cuivre semblant défier l'équilibre par leur porte-à-faux (Récipon : l'Harmonie terrassant la discorde et l'Immortalité devançant le Temps). Au Sud, au-delà du pont Alexandre III et de la longue esplanade, c'est la majestueuse façade des Invalides (Libéral Bruant) surmontée de son dôme doré (Jules Hardouin-Mansart).
Longer la façade Sud du Grand-Palais et découvrir en contrebas le joli **square Jean-Perrin** : arbres, grotte artificielle et petit pont. Tourner à droite dans l'avenue Franklin-D.-Roosevelt, passer devant le monument d'Alfred de Musset (Le Rêve du poète) et longer la colonnade du Grand-Palais (Palais de la Découverte) avec son décor de céramiques. Remarquer de l'autre côté de l'avenue la différence de style de trois immeubles contigus : l'hôtel de France-Amérique, l'ambassade d'Allemagne et le pavillon du restaurant Lasserre.
Retrouver la verdure et pénétrer entre les premier et deuxième parterres où de si beaux arbres vous attendent. S'écartant de l'avenue de Selves, se diriger à gauche vers le théâtre du Rond- Point des Champs-Elysées (ancien Panorama de Davioud, 1857, transformé en Palais de glace en 1894). Ici, comme en face au théâtre Marigny, le souvenir du couple Renaud-Barrault continue de hanter les frondaisons. Retrouver le Rond-Point, en admirant ses massifs floraux dont la décoration varie avec les saisons.

Photo C.M.

La plus belle avenue du monde

Le paysage marécageux que les Parisiens avaient connu jusqu'au 16e siècle se transforma en 1616, sous l'impulsion de Marie de Médicis. La reine créa une large promenade plantée d'arbres, le Cours-la-Reine, qui s'étendait du palais des Tuileries à l'actuelle place de l'Alma. Le Nôtre modifia de nouveau son tracé, en 1670. Quarante ans plus tard, le duc d'Antin construisit un pont de pierre, ce qui facilita l'accès des carrosses, mis jusque-là à rude épreuve sur ce terrain chaotique et boueux. Il ne cessa de s'agrandir, inspirant cette fois le marquis de Marigny, frère de Madame de Pompadour, qui y traça une avenue et la prolongea jusqu'au pont de Neuilly. Les jardins des Champs-Elysées étaient devenus le lieu de promenade favori des militaires et des filles de joie. Les vaches y paissaient encore tranquillement et on venait y boire du bon lait frais ! Mais il valait mieux être armé dès la nuit tombée… pour échapper aux bandits et assassins.

Ce n'est qu'en 1789 que cette artère prit le nom d'avenue des Champs-Elysées, en référence au lieu de la mythologie grecque où séjournaient les bienheureux. Le choix de ce nom illustre bien la philosophie des dirigeants de l'époque ; ils voulaient redonner ses lettres de noblesse au jardin, qui devint sous le second Empire le lieu de promenade favori des élégantes. L'avenue des Champs-Elysées se para alors d'une multitude d'hôtels particuliers et de grands hôtels de voyageurs.

Les Champs-Elysées virent défiler de nombreuses têtes couronnées, qui privilégiaient cet axe grandiose pour leurs parades.

C'est par là que l'impératrice Marie-Louise fit son entrée dans Paris en 1810. C'est là que les cendres de Napoléon Ier passèrent devant une foule de 100 000 spectateurs en 1840.

En 1828, les jardins des Champs-Elysées devinrent propriété de la Ville de Paris. S'inspirant des jardins à l'anglaise, Alphand leur donna trente ans plus tard leur aspect actuel. Depuis, lors de chaque événement historique et chaque 14 Juillet, l'avenue des Champs-Elysées rassemble les foules, jusqu'à un million de personnes à la Libération en 1945 et pour la Coupe du monde de football en 1998.

Partie boisée des Champs-Élysées. *Photo DPJEV.*

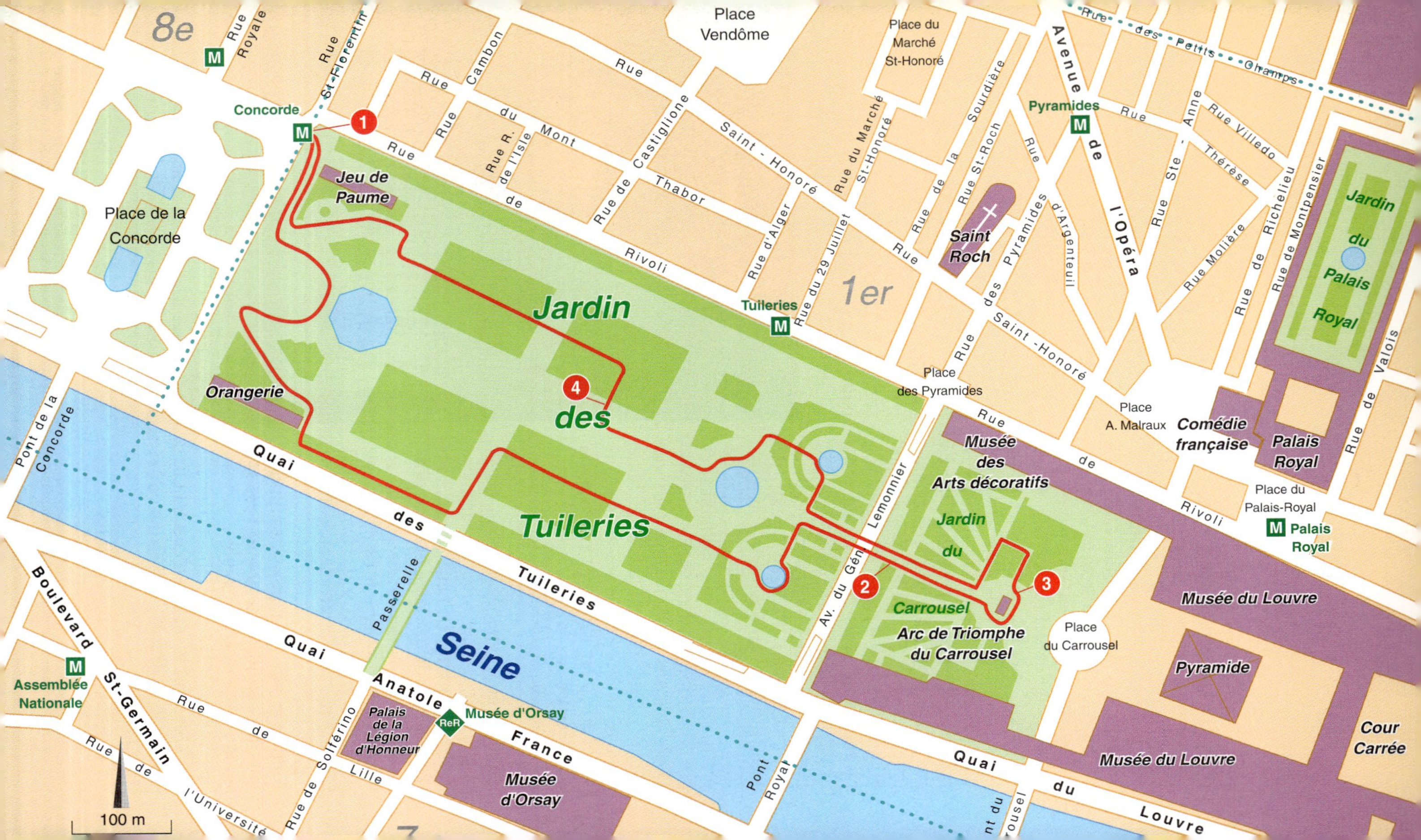
Jardin des Tuileries
Jardin du Carrousel
Arc de Triomphe du Carrousel
Place du Carrousel
Musée du Louvre
Musée du Louvre
Pyramide
Cour Carrée
Musée des Arts décoratifs
Comédie française
Palais Royal
Jardin du Palais Royal
Place du Palais-Royal
Palais Royal
Place A. Malraux
Place des Pyramides
Saint Roch
Place du Marché St-Honoré
Place Vendôme
Place de la Concorde
Concorde
Tuileries
Pyramides
Jeu de Paume
Orangerie
Seine
Passerelle
Musée d'Orsay
Musée d'Orsay
Palais de la Légion d'Honneur
Assemblée Nationale
Quai des Tuileries
Quai Anatole France
Quai du Louvre
Pont de la Concorde
Pont Royal
Boulevard St-Germain
Rue de l'Université
Rue de Lille
Rue de Solférino
Rue de Rivoli
Rue Saint-Honoré
Rue St-Florentin
Rue Royale
Rue Cambon
Rue du Mont Thabor
Rue R. de l'Isle
Rue de Castiglione
Rue d'Alger
Rue du 29 Juillet
Rue du Marché St-Honoré
Rue de la Sourdière
Rue St-Roch
Rue des Pyramides
Rue d'Argenteuil
Avenue de l'Opéra
Rue Ste-Anne
Rue Thérèse
Rue Villedo
Rue Molière
Rue de Richelieu
Rue de Montpensier
Rue de Valois
Rue des Petits-Champs
Av. du Gén. Lemonnier
1er
8e
7
1
2
3
4
100 m

Les jardins du Carrousel et des Tuileries

Tuileries et Carrousel : un axe royal... Le dessin classique de Le Nôtre dégagé lors des longs travaux d'aménagement du Grand Louvre et des Tuileries rénovées : 7000 nouveaux marronniers ont remplacé les arbres abimés par la pollution et les champignons.
La tradition du jardin classique s'offre sur 28 hectares : une vaste allée centrale marque la perspective, ponctuée par deux bassins.
De part et d'autre, deux lignes de parterres boisés rythment la composition du centre : c'est le Grand Couvert.
A l'Ouest, autour du bassin octogonal, deux rampes permettent l'accès aux terrasses dominant la place de la Concorde.
A l'Est, la composition s'ordonne autour du bassin rond et de ses deux petits satellites en une série d'îlots gazonnés. Cette partie garde le nom de « parterres réservés », rappelant qu'ici seul le roi et sa cour en avaient l'usage.
Statues et fontaines, buvettes, manèges et petits ânes contribuent à faire vivre ce jardin historique.

❶ Sortir du métro Concorde et pénétrer dans le **jardin des Tuileries** par la petite porte située à l'angle de la rue de Rivoli, qui donne accès à un escalier montant sur la terrasse.
Passer devant le Jeu de paume, consacré à des expositions temporaires.
Longer la terrasse dominant la place de la Concorde *(voir page 79)*, en admirant le point de vue.
Descendre la rampe, dont le bas est décoré de statues évoquant les fleuves, suivant un modèle antique. Longer le bassin octogonal et monter l'autre rampe (à gauche, le Nil escaladé par 18 bambins qui symbolisent les 18 coudées de sa crue).
Se diriger vers l'Orangerie (Nymphéas de Monet). Sur le terre-plein en triangle, admirer les statues de Rodin : le Baiser, Eve, la Grande Ombre et la Méditation.
Longer l'Orangerie et se diriger vers la terrasse du Bord de l'eau. Observer le musée d'Orsay et la nouvelle passerelle qui relie les deux rives, dans l'axe de la rue de Solférino.
Redescendre par l'escalier orné d'une statue d'Henri Moore : Reclining Figure et prendre l'allée à gauche.

Fiche pratique 11

1 h 30 • 2,5 Km

Situation
1er arrondissement

M métro de départ et d'arrivée : Concorde (lignes 1, 8, 12)

À voir

Parcs et jardins

- jardin des Tuileries : arbres, plantations, bassins, statues, librairie du Patrimoine...
- terrasses des Feuillants et du Bord de l'eau

Autres sites

- perspective Carrousel-Concorde-Etoile-Défense
- musée du Louvre
- église Saint-Germain-l'-Auxerrois
- beffroi et carillon de la mairie du Ier
- musée des Arts décoratifs
- Jeu de paume
- musée de l'Orangerie
- statue de Jeanne d'Arc, place des Pyramides
- place de la Concorde
- église Saint-Roch
- place Vendôme

Tourner à droite et enfiler la longue allée qui traverse les bosquets du Sud. Au passage, remarquer les sculptures signées Max Ernst, Germaine Richier, Henri Laurens, Jacques Lipchitz…
Continuer dans les parterres réservés jusqu'au petit bassin rond. Se rabattre sur l'allée centrale, l'emprunter à droite, passer les grilles et monter les marches.

❷ Franchir l'emplacement du palais des Tuileries disparu et pénétrer dans le **jardin du Carrousel**. Ce nom est dû à une gigantesque fête hippique donnée du temps de Louis XIV.
Les deux parterres encadrent deux séries de buissons rayonnants à partir de l'arc de triomphe du Carrousel, qui commémore les grandes victoires napoléoniennes de 1805 et 1806, terminant la perspective. De là, contempler la vue sur le Louvre et la pyramide de Pei.

❸ Revenir par le bosquet Nord et retourner dans les Tuileries par la grille d'entrée centrale.
Tourner à droite jusqu'au petit bassin, puis deux fois à gauche jusqu'au bassin rond, qui accueille les petits voiliers pour enfants.
Reprendre l'allée centrale et remarquer dans les premiers bosquets à droite et à gauche les bassins longitudinaux remplis de plantes aquatiques, au décor composé à une extrémité par une exèdre (banc en demi-cercle) et à l'autre par un groupe de coureurs (Coustou et Lepautre) : la course d'Atalante.

La perspective des Tuileries. *Photo C.M.*

Tourner à droite après le premier bosquet, et prendre à gauche son allée médiane, pour la remonter jusqu'à proximité du bassin octogonal. Ici aussi les sculptures modernes abondent : David Smith, Alberto Giacometti et Etienne Martin sont ainsi honorés.
Monter sur la terrasse des Feuillants en empruntant le petit escalier orné par La Foule de Raymond Mason.
Près du Jeu de Paume, remarquer dans le triangle le Bel Costumé de Jean Dubuffet.
Regagner la place de la Concorde par le petit escalier d'angle du départ. ❶

Photo C.M.

L'axe royal

C'est sur le terrain des Tuileries, en dehors de Paris, que Catherine de Médicis fit édifier en 1564 un palais royal, perpendiculaire à la Seine (qui disparut dans l'incendie pendant la Commune en 1871). Les pavillons de Flore et de Marsan en sont les vestiges. Au jardin florentin d'origine, limité à l'Ouest par un mur (la place de la Concorde n'existait pas à cette époque), succéda le jardin actuel, dessiné par Le Nôtre en 1664; il abattit une partie du mur Ouest et ouvrit la perspective sur ce qui deviendra les Champs-Elysées.
Les Tuileries furent le premier parc public de Paris, le lieu des fêtes officielles et des événements populaires, en particulier l'ascension des premières montgolfières…

De Louis XV à la place de la Concorde

La Concorde est un superbe exemple de place « ouverte » (par opposition aux places « fermées » comme la place Vendôme et la place des Victoires). Elle fut créée sur ordre de Louis XV. La partie Nord est bordée par les magnifiques colonnades de l'hôtel de Crillon et de l'Automobile-Club d'un côté, et du ministère de la Marine de l'autre. Ces hôtels furent édifiés par Gabriel, celui de la Marine pour constituer le garde-meubles de la couronne. Face aux Tuileries, commencent les Champs-Elysées et leurs jardins. Au Sud, le pont de la Concorde mène à l'Assemblée nationale. L'obélisque de Louxor (cadeau du vice-roi d'Egypte à la France en 1836) se dresse au centre de la place, là où s'élevait à l'origine la statue équestre de Louis XV et là où fut dressée la guillotine en 1793.
Le décor de la place est dû à Hittorf et comporte deux fontaines monumentales et les statues de 8 villes de France, assises sur une haute guérite. Les chevaux de Marly (leurs copies) encadrent l'entrée des Tuileries et celle des Champs-Elysées. Le toit du Grand-Palais, l'Arc-de-Triomphe et la tour Eiffel complètent le panorama.

Bd Ornano
Rue Versigny
Rue Hermel
Rue Joseph Dijon
Rue du Mont Cenis
Rue Sainte Isaure
Rue Letort
Rue du Poteau
Rue Ruisseau
Rue du Pôle Nord
Cité Nollez
Rue Ordener
Rue Damrémont
Montcalm
Rue Calmels
Place Charles Bernard
N-D- de Clignancourt
Square de Clignancourt
Rue Baudelique
Jules Joffrin
Place Jules Joffrin
Mairie du XVIIIe
Rue Ordener
Rue des Cloÿs
Rue Tretaigne
Rue Lapeyrère
Square Léon Serpollet
Rue du Ruisseau
Rue Duhesme
Rue de Trétaigne
Rue Achille Martinet
Pas. des Cloÿs
Square Raymond Souplex
Rue Marcadet
Rue Simart
Rue Ferdinand Flocon
Rue Eugène Sue
Rue Hermel
Rue Ramey
Rue des Cottages
Rue Duhesme
Rue de la Fontaine du But
Rue Diard
Rue Cyrano de Bergerac
Rue Cenis
Cité Hermel
Rue du Baigneur
Rue Marcadet
Square Lamarck
Rue Lamarck
Rue Darwin
Rue Saules
Rue Francoeur
Imp. Pers
Passage Ramey
Square Caulaincourt
Lamarck Caulaincourt
Rue Caulaincourt
Place C. Pecqueur
Rue Paturle
Rue Mont
Rue Lécuyer
Rue Custine
Rue Labat
Avenue Junot
Allée des Brouillards
Rue Girardon
Cimetière St-Vincent
Rue des Saules
Rue G.Couté
Rue de l'Abbé
Rue Paul Féval
Rue Lamarck
Rue Becquerel
Rue Bachelet
Rue Lambert
Rue Nicolet
Rue Ramey
Villa Léandre
Rue Simon Dereure
Square S. Buisson
Place Dalida
R. de l'Abreuvoir
Rue Saint-Vincent
Vigne
Musée de Montmartre
Parc de la Turlure
Rue Lamarck
Passage Cottin
Moulin de la Galette
Av. Junot
Moulin du Radet
Place Marcel Aymé
Rue Cortot
Rue du
C. du Sacré Coeur
Rue du Chevalier de la Barre
Rue Lepic
Rue Norvins
Rue St Rustique
Basilique du Sacré-Coeur
Rue Feutrier
Rue Muller
Rue Tholozé
Rue Lepic
Rue d'Orchampt
Place J.B. Clément
R.Poulbot
Place du Tertre
St-Pierre de Montmartre
Rue M. Utrillo
Rue Feutrier
Rue Durantin
Rue Burq
R. Ravignan
Rue du Calvaire
Square Nadar
Funiculaire
Place E. Goudeau
Rue Garreau
Rue Durantin
Rue Berthe
Rue Drevet
Rue Gabrielle
Rue André del Sarte
18e
R. Aristide Bruant
R. Audran
Rue des Abbesses
Passage des Abbesses
Square Jehan Rictus
Rue des
R.A.Barsacq
Rue Chappe
Square Louise Michel
Rue Ronsard
Rue Charles Nodier
Rue Pierre Picard
Rue de Clignancourt
Rue Robert Planquette
Rue Pilon
Abbesses
Place des Abbesses
Rue de la Vieuville
Cité de la Mairie
Rue des Trois Frères
Halle St-Pierre
Place St-Pierre
R.Livingstone
Cité G.Pilon
Rue Antoine
André
St-Jean-de Montmartre
Rue des Abbesses
Rue Yvonne Le Tac
Rue Martyrs
Rue Tardieu
Rue d'Orsel
Rue d'Orsel
Rue Piémontési
Place Charles Dullin
Rue Sevesté
Imp. du Cadran
Cité du Midi
Rue Germain
Villa de Guelma
Rue André Antoine
Rue Houdon
Rue des Martyrs
Rue d'Orsel
Théâtre de l'Atelier
Rue Steinkerque
Rue de Briquet
R. André Gill
Villa Dancourt
R.Dancourt
Anvers
Boulevard de Rochechouart
Rue Gérando
Rue de Dunkerque
Rue Rochechouart
Pigalle
Place Pigalle
Boulevard de Clichy
Lycée J. Decour
Place d'Anvers
Square d'Anvers
Rue Duperré
9e
Lycée E. Quinet
Rue Viollet-le-Duc
Rue Cretet
Rue Bochart de Saron
Rue Say
Avenue Trudaine
Rue Pigalle
Rue Frochot
100 m
1
2
3
4
5
6

La butte Montmartre

Fiche pratique **12**

2 h
4 Km

127 m
57 m

Situation
18e arrondissement
De Jules-Joffrin : 4 km (2 h)
D'Abbesses : 2,5 km
(1 h 30)

M métro de départ : Jules-Joffrin (ligne 12)
métro d'arrivée : Anvers (ligne 2)

À voir

Parcs et jardins

- square de Cligancourt
- square Léon-Serpollet
- jardin et cimetière Saint-Vincent
- cimetière de Montmartre
- vigne clos Montmartre
- square Nadar
- square Louise-Michel
- square Suzanne-Buisson
- square Jehan-Rictus
- square d'Anvers
- parc de la Turlure

Autres sites

- basilique du Sacré-Cœur
- église Saint-Pierre-de-Montmartre
- église Saint-Jean-de-Montmartre
- musée du Vieux-Montmartre
- place du Tertre
- musée de Montmartre
- halle Saint-Pierre et musée d'Art naïf
- moulin de la Galette
- place Pigalle
- place des Abbesses

Là-haut sur la montagne… Sur un sommet de Paris, un itinéraire typique à travers les escaliers, les petites rues, la vigne et les nombreux squares du quartier de Montmartre, dans une atmosphère artistique et villageoise.

❶ Sortir du métro, rue Ordener, sur la place Jules-Joffrin au charme provincial, située entre l'Église Notre-Dame-de-Clignancourt (Lequeux, 1863) et la mairie du 18e (Varoclier, 1882-1892) où l'on conserve le fauteuil de Clemenceau, maire de l'arrondissement en 1870-1871.
Longer l'église par la rue Hermel à gauche, puis tourner à droite pour entrer dans le **square de Clignancourt**. Edifié en 1914 sur un ancien dépôt de la Compagnie générale des omnibus, il est entouré d'une série d'immeubles signés de l'architecte Paul Morice. Un de ses principaux ornements est un cèdre de Chine atteignant 18 m de haut et 1,80 m de diamètre.
Ressortir à l'opposé sur la rue Ordener, revenir à droite ; à gauche, longer la mairie par la rue du Mont-Cenis, jusqu'à la maison à tourelle à l'angle de la rue Marcadet. Prendre celle-ci à droite, et, à titre d'entraînement, monter puis descendre les escaliers des rues Cyrano-de-Bergerac, Jules-Jouy et Diard.

❷ Reprendre la rue Marcadet, passer le carrefour de la rue Duhesme et ses immeubles récents en briques rouges et aller jusqu'au n° 140.
Prendre la petite allée à droite et pénétrer dans le **square Léon Serpollet**, joli jardin en terrasse qui possède un bassin de plantes aquatiques, une fontaine alimentée par un ruisseau et deux cascades, ainsi que de nombreux arbres remarquables.

Allée des Brouillards. *Photo C.M.*

En faire le tour en descendant jusqu'à la rue des Cloÿs, mais remonter pour ressortir sous un immeuble, 160 rue Marcadet; la reprendre à gauche jusqu'au carrefour Duhesme et tourner à droite dans la rue de la Fontaine du But. L'ascension de la butte commence, ponctuée d'escaliers. Passer devant la curieuse entrée de la

Square Suzanne-Buisson. *Photo C.M.*

station Lamarck-Caulaincourt située entre ces deux rues.
Traverser les rues Lamarck et Caulaincourt et aller visiter à gauche (rue Lucien-Gaulard) le calme **cimetière Saint-Vincent** *(voir page 85)*.
Ressortir et traverser le **square Constantin Pecqueur**, halte ombragée par de nombreux platanes.
Nouvel escalier (rue Girardon) pour arriver à la place Dalida où se trouve le buste de la chanteuse.
Prendre à droite la romantique allée des Brouillards et pénétrer dans le **square Suzanne-Buisson**. Au centre, une statue de saint Denis est située à l'endroit où se trouvait la fontaine dans laquelle il aurait lavé sa tête après avoir été décapité. Ce square s'étage en terrasses jusqu'à l'avenue Junot. Un jeu de boules et des jeux en font un jardin très fréquenté par toutes les générations montmartroises.

❸ Sortir par l'impasse Girardon sur l'avenue Junot et avant le Passe-Muraille (allusion à l'œuvre de Marcel Aymé), tourner à gauche dans la rue Girardon, en forte pente, qui ramène à la place Dalida.

▶ **Variante** : du métro Abbesses au square Suzanne-Buisson Sortir du métro Abbesses (station la plus profonde de Paris) sur la place dont le nom évoque la puissante abbaye de Montmartre *(voir page 84)*, où se trouve l'église Saint-Jean-l'Evangéliste à l'originale architecture de briques, montées sur une ossature de béton (Anatole de Baudot, 1894-1904).
Pénétrer en face dans le **square Jehan-Rictus**, situé à l'emplacement de l'ancienne mairie de Montmartre, où le poète Paul Verlaine se maria. En faire le tour et revenir prendre à droite le passage des Abbesses, monter les 48 marches pour rejoindre la rue des Trois-Frères puis à gauche la place Émile-Goudeau, célèbre par le Bateau-Lavoir, cité d'artistes-peintres où se sont retrouvés les plus grands noms entre les deux guerres.
Prendre à gauche la rue d'Orchampt, repérer dans le coude la maison de Dalida, et déboucher rue Lepic, à l'endroit où se dresse le moulin du Radet. Poursuivre jusqu'à la place Marcel-Aymé, pour entrer, à l'opposé, dans le square Suzanne-Buisson par l'impasse Girardon ❸. En ressortant, prendre à droite l'allée des Brouillards qui débouche sur la place Dalida.

La rue de l'Abreuvoir qui monte passe devant la curieuse maison du Commandant Lachouque, historien

napoléonien, et mène à la rue des Saules en très forte pente, dont la vue vers le Nord est très étendue (stade de France, basilique de Saint-Denis).
Contourner la célèbre **vigne de Montmartre** pour prendre à droite la rue Saint-Vincent, immortalisée par la chanson de Bruant, qui exerçait ses talents ici, au Lapin agile *(à Gill)*.
Après la vigne, c'est l'enclos du **jardin sauvage Saint-Vincent** *(voir page 85)*.

Photo DPJEV.

❹ Au bout de la rue Saint-Vincent, descendre l'escalier de la rue de la Bonne (la Bonne eau : ancienne source), pénétrer dans le joli **parc de la Turlure** à son point le plus bas, remonter ses multiples terrasses d'où l'on peut admirer une vue sur l'Est parisien.
Un Salon Vert, situé en retrait, est formé d'une grande pelouse entourée d'arbres. Le jardin finit sa course encore plus bas, au milieu d'un espace fréquenté par les boulistes. Vous pourrez y faire une halte à l'ombre de ses pergolas recouvertes de glycines, sur la terrasse supérieure, le Grand Salon. En contrebas, des jeux sont aménagés pour les enfants, notamment deux murs d'escalade, ainsi qu'un petit bassin et un mail planté d'arbres.
Contourner la basilique par le Nord puis l'Ouest, en passant devant le chevet de l'église Saint-Pierre de Montmartre, une des plus anciennes de Paris, mais fortement remaniée. Son clocher d'origine a été abattu à la Révolution et un télégraphe Chappe fut édifié sur le chevet. Un nouveau clocher fut rebâti en 1910.
Contourner à droite le **square Nadar**, ce qui permet de voir la partie Ouest de Paris, peu visible de la basilique, et revenir devant la basilique, pour contempler Paris à 180 degrés, avec Notre-Dame à l'aplomb.

❺ Aborder la grande descente à travers le **square Louise-Michel** *(voir page 85)*.
Descendre vers le côté gauche selon un itinéraire zigzaguant au gré des allées. La partie basse du jardin comporte des jeux pour enfants et un beau manège à deux niveaux.

❻ Du milieu de la place Saint-Pierre, la rue de Steinkerque conduit au métro Anvers.

▶ Au Sud du boulevard de Rochechouart se situe le **square d'Anvers**, qui fait liaison avec l'avenue Trudaine, bordée d'arbres.

Abbesses, vignes et batailles sur la colline

Au 12e siècle, s'élevait au sommet de la colline l'abbaye des bénédictines de Montmartre : un immense domaine constitué essentiellement de vignes et de prés. En 1611, l'abbaye devint un lieu de pèlerinage majeur lorsqu'on découvrit le lieu du martyre de saint Denis. Symbole de la puissance du clergé, le domaine fut démantelé à la Révolution. Le préfet Haussmann acheva de transformer le paysage en 1860, lorsque la commune de Montmartre fut annexée à la Ville de Paris. L'église Saint-Pierre est le seul vestige de l'abbaye des Dames de Montmartre.

La butte Montmartre fut longtemps un point stratégique en raison de son altitude de 127 m. De nombreuses batailles l'ensanglantèrent, d'Henri IV en 1590, qui y fit le siège de Paris pendant quatre ans, aux combats de la Commune en 1871.

Des carrières à la basilique du Sacré-Cœur

Cette imposante église fut érigée après les combats de la Commune de 1871, à la suite d'un vœu national et grâce à une souscription nationale, à laquelle participèrent 10 millions de fidèles. De style romano-byzantin, la basilique du Sacré-Cœur fut édifiée avec la pierre blanche que l'on trouvait au 19e siècle dans les carrières de Château-Landon, en Seine-et-Marne. Elle a la particularité de sécréter sous l'effet de l'eau une substance blanche, le calcin, qui lui permet de résister à la pollution. Elle est répandue sur la butte Montmartre, notamment dans le square Louise-Michel, où les fontaines et les escaliers sont réalisés avec cette pierre.

Montmartre était aussi réputée pour ses carrières de gypse. Exploitées deux siècles durant, elles donnèrent son nom à la place Blanche qui recevait régulièrement les poussières de plâtre au passage des véhicules en provenance de Montmartre.

Les concepteurs furent obligés de respecter les forts dénivelés de la butte, ce qui donna les fameux escaliers en pente raide.

Vue du square Louise-Michel sur le Sacré-Cœur. *Photo DPJEV.*

Cimetières de Montmartre et Saint-Vincent

Créé en 1825, le cimetière de Montmartre (cimetière du Nord) abrite les tombes de Berlioz, Zola, la Dame aux camélias, Guitry, Dalida, Truffaut…
Ouvert en 1831, le cimetière Saint-Vincent permet de retrouver notamment le souvenir du peintre montmartrois Maurice Utrillo, de l'acteur Harry Baur et de l'écrivain Marcel Aymé. Il possède aussi de très belles sculptures de style Restauration.

Photo DPJEV.

Le jardin sauvage Saint-Vincent

Resté en friche de nombreuses années, une flore et une faune originales se sont spontanément développées et lui ont donné un charme si particulier que les paysagistes de la Ville de Paris ont eu l'idée d'en faire un jardin sauvage au cœur de la capitale. Cette végétation a attiré une foule d'insectes et d'oiseaux qui s'y épanouissent en toute liberté. On peut y découvrir le pic épeichette, qui vient s'abreuver dans la mare. Ses 15 cm le rendent difficilement repérable, sauf si vous tendez l'oreille pour entendre les coups qu'il porte à l'écorce des arbres.
Les plantes proviennent souvent des jardins voisins, dont les graines sont essaimées par le vent et les oiseaux. Vous y verrez la chélidoine, qui prospère dans les éboulis et sur les vieux murs ; ses tiges laissent couler un liquide qui soignerait les verrues, et les fourmis se nourrissent de l'huile contenue dans ses graines noires et blanches.

Le square Louise-Michel

Ce jardin, d'une superficie de près de 2,4 hectares et en très forte pente, fut créé par Alphand et réalisé par Jean-Camille Formigé en 1880. Les travaux, comme ceux de la basilique, se sont déroulés sur de longues années en raison des contraintes imposées par le terrain, où se trouvaient les entrées des anciennes carrières de gypse. La partie centrale est composée d'un majestueux escalier en haut duquel trône une fontaine monumentale. Le fameux funiculaire borde la partie Ouest, à droite en descendant. La partie Est, plus vaste, revêt un aspect beaucoup plus romantique avec de longues allées et de très beaux arbres.

Clichy
Boulevard Périphérique
Bd du Bois le Prêtre
Stade Max Rousie
Cimetière parisien des Batignolles
Stade Léon Biancotto
Lycée Honoré de Balzac
Porte de Clichy
Boulevard Bessières
Porte de St-Ouen
Square Jean Leclaire
Square des Épinettes
St-Joseph des Épinettes
Lycée Stéphane Mallarmé
Guy Môquet
Boulevard Berthier
Av. de Clichy
Brochant
St-Michel des Batignolles
Square des Batignolles
La Fourche
Cimetière de Montmartre
Place de Wagram
Boulevard Pereire
Place du Docteur Felix Lobligeois
Ste-Marie des Batignolles
17e
18
Mairie du XVIIe
Wagram
Lycée Carnot
Malesherbes
Av. de Villiers
Place du Général Catroux
St-Charles de Monceau
Rome
Boulevard des Batignolles
Place de Clichy
Villiers
Lycée Chaptal
Monceau
Bd de Courcelles
Pl Prosper Goubaux
Parc de Monceau
Musée Cernuschi
Musée N. de Camondo
Courcelles
Place de Dublin
Liège
Place de l'Europe
Europe
Av. Hoche
Bd Malesherbes
Mairie du VIIIe
St Augustin
Gare St-Lazare
St-Lazare
Haussmann-St-Lazare
200 m
8e
Bd Haussmann
Boulevard Haussmann
Miromesnil
Rue de la Boétie
Rue du Faubourg St-Honoré
1
2
3
4
5

Des Batignolles à Monceau

Fiche pratique **13**

2 h • 5 Km

Parc romantique d'un prince-poète, le duc de Chartres, redessiné au 19e siècle par Alphand, le parc de Monceau vous offre ses arbres vénérables…

❶ Sortir du métro. Traverser l'avenue de Saint-Ouen et la remonter pour emprunter le passage Saint-Ange.
Ressortir rue Jean-Leclaire et la descendre jusqu'au **square Jean-Leclaire**, jardin suspendu de forme triangulaire aménagé au-dessus de la Petite Ceinture. Reprendre la rue Jean-Leclaire et atteindre le **square des Epinettes** *(voir page 88)*.
Ressortir à l'opposé et gagner la rue de La Jonquière, l'emprunter vers la droite et pénétrer dans la Villa Sainte-Croix pour découvrir un petit jardin avec cascade.

❷ Reprendre la rue de La Jonquière. *La cité des Fleurs, 4e à gauche, n'est pas accessible en week-end : prendre alors la rue Pouchet, puis l'avenue de Clichy à gauche*. Par la rue Brochant bordée d'arbres, atteindre le **square des Batignolles** *(voir page 88)* et y pénétrer par son accès Est pour en faire le tour complet, mais à sa sortie Sud, faire le tour de la place du Docteur Félix-Lobligeois.

❸ L'église Sainte-Marie-des-Batignolles, édifiée par Lequeu en 1828, est un rare exemple à Paris d'architecture religieuse de la Restauration.
L'ambiance de village est bien conservée sur cette petite place tranquille. Retourner dans le square, le traverser par l'allée centrale et sortir par la sortie Cardinet. Traverser à gauche le pont Cardinet au-dessus des voies ferrées de la gare Saint-Lazare. Prendre en oblique, après le carrefour, les rues Tarbé et Salneuve, puis Legendre à droite. Traverser la place de Lévis ombragée de paulownias. Passer devant l'église Saint-Charles-de-Monceau et arriver place du Général-Catroux, au carrefour du boulevard Malesherbes et de l'avenue de Villiers, qui abrite les statues d'Alexandre Dumas (père et fils). En faire le tour à droite par le Nord, puis l'Ouest et le Sud.

❹ La rue de Thann mène au **parc de Monceau** devant l'entrée Nord : rotonde de Ledoux (le boulevard de Courcelles marque l'emplacement du mur des Fermiers Généraux, donc de la limite de Paris avant 1860).
Plutôt que la croisée centrale (allées Comtesse-de-Ségur et Ferdousi), il est préférable d'emprunter l'allée circulaire aux perspectives toujours renouvelées.

Revenir à la rotonde *(métro Monceau)* ❺.

Situation

17e-8e arrondissements

M métro de départ : Porte-de-Saint-Ouen (ligne 13)

métro d'arrivée : Monceau (ligne 2)

À voir

Parcs et jardins

- parc de Monceau : arbres, pelouses, statues, portes et grilles monumentales, folie, naumachie, pont, grotte, cascade…
- cité des Fleurs
- square des Batignolles
- cimetière des Batignolles
- square des Epinettes
- promenade Pereire

Autres sites

- église Sainte-Marie-des-Batignolles
- musée Cernuschi
- musée Nissim de Camondo
- musée Jacquemard-André

Le square des Epinettes

D'une superficie d'un hectare, il a été créé en 1893 par Jean-Camille Formigé. Le nom du quartier rappelle l'épinette blanche : appellation du pinot blanc en Auxerrois. Centré autour de son kiosque à musique, le square est entouré de deux rangées de marronniers ainsi que d'autres espèces nombreuses et variées : tulipier, ginkgo, savonnier, pavier, chêne vert et même un hêtre pourpre centenaire. On y découvre également des statues comme celles de Dalou, représentant Jean Leclaire, créateur de la première Société de secours mutuel pour les ouvriers, et celle de la militante Maria Deraisme (1824-1894).

Du hameau au square des Batignolles

Au début du 19e siècle, le petit hameau des Batignolles était perdu dans la campagne. La construction de maisons de campagne destinées à des commerçants qui s'étaient enrichis donna son premier essor à ce village. Il comptait 14000 habitants en 1842; son extension fut telle qu'une nouvelle mairie fut construite en 1849.

Les terres appartenaient aux Dames de Montmartre qui perdirent tous leurs biens à la Révolution. Après une période d'indépendance, de 1830 à 1860, le village des Batignolles fut rattaché à la Ville de Paris.

Le **square des Batignolles** est le plus grand espace vert du 17e arrondissement : il s'étend sur 1,66 hectare. Ce jardin paysager est l'un des 24 jardins créés par Alphand sous le second Empire. Ses arbres sont magnifiques, en particulier les 3 platanes d'Orient dépassant 30 m de haut (les plus grands de Paris), âgés de 140 ans, mais aussi une vingtaine d'autres espèces.

Square des Batignolles. *Photo C.M.*

Admirablement dessiné, le square des Batignolles paraît beaucoup plus vaste que sa superficie réelle et son parcours réserve des surprises. Un ruisseau court à travers les rochers pour finir sa course en cascade dans un bassin aux formes arrondies. Une colonie de canards occupe la pièce d'eau où trône en son centre la curieuse sculpture des vautours de Louis Monard (1930). Il offre aussi de nombreuses activités pour les enfants, qui, pour se reposer de leurs jeux, pourront s'arrêter un instant dans la petite serre construite en 1996, située du côté de la place Charles-Fillion.

Le cimetière des Batignolles est la 4e nécropole parisienne. Ouvert en 1833, le cimetière s'étend sur 10 hectares de verdure Porte-de-Clichy : 900 arbres vous attendent, dominant les tombes du peintre Vuillard, du surréaliste André Breton, du poète Paul Verlaine…

Le parc de Monceau

C'est au duc de Chartres que nous devons la réalisation de cette merveille. En 1769, c'était un jardin de style anglo-chinois qui agrémentait le pavillon du duc ; elle était appelée folie de Chartres. On y construisit les fausses ruines d'un temple de Mars et d'un château gothique, un minaret, un moulin hollandais, une pyramide égyptienne, une pagode chinoise. Des rivières furent creusées, ainsi que la célèbre Naumachie, qui désigne ici le bassin entouré de colonnes corinthiennes. Le peintre et écrivain Carmontelle se serait inspiré des tombeaux des Valois de la basilique Saint-Denis. Ce nom étrange de Naumachie trouve son sens dans l'Antiquité romaine : c'était un bassin où avaient lieu des représentations de combats navals. En 1793, on aménagea une serre chaude, un jardin d'hiver, ainsi que de nouvelles allées.

Devenu bien national à la Révolution, on le restitua ensuite à la famille d'Orléans, mais il ne resta pas longtemps entre ses mains, puisque l'Etat en acquit une partie en 1852.

Le financier Pereire modifia considérablement le paysage en sacrifiant une partie du jardin pour construire de magnifiques hôtels particuliers, notamment les actuels musées Cernuschi et Nissim de Camondo (art du 18e siècle), qui contribuent au prestige du quartier de la plaine Monceau. Le parc fut ainsi amputé de moitié et ouvert au public en 1861, inauguré par Napoléon III.

Depuis, son aspect n'a pas changé. On y entre par 4 grandes grilles en fer forgé doré (Davioud); on y découvre de nombreuses statues blanches dédiées à des artistes du début du 20e siècle et une arcade Renaissance de l'Hôtel de Ville de Paris qui avait brûlé en 1871 pendant la Commune.

Naumachie. *Photo C.M.*

Il abrite des arbres spectaculaires dont un érable sycomore fourchu de plus de 130 ans ; haut de 35 m, sa circonférence de 4 m est dépassée par celle du platane d'Orient qui atteint 7 m ; ses 180 ans en font le doyen de l'arrondissement.

C'est l'espace vert du 8e qui recèle la plus grande diversité d'oiseaux.

Au printemps, vous assiterez au spectacle charmant des canards colvert escortés de leurs jeunes poussins et des mésanges nonettes qui se promènent, toujours en couple. Le geai des chênes, qui imite si bien les oiseaux ou les chats, disperse sa réserve de glands, contribuant ainsi à la multiplication des chênes.

Photo DPJEV.

Bd de Port Royal
5e
Bd St Marcel
Hôpital de la Pitié Salpêtrière
Broca
Pascal
Rue St Hippolyte
Bd Arago
R. des Gobelins
Avenue des Gobelins
R. de la Reine Blanche
Le Brun
Rue Oudry
Pirandello
Rue Duméril
École nat. de Chimie Paris
R. Titien
Boulevard de l'Hôpital
Rue Jeanne d'Arc
Rue Esquirol
R. Nicolas Roret
Rue du Banquier
Campo Formio
Les Gobelins
Manufacture des Gobelins
Rue Berbier du Mets
Rue E. Deslandres
G. Geffroy
Rue de Julienne
Rue des Cordelières
Bras vif de la Bièvre
Rue de la Glacière
Rue des Tanneries
Croulebarbe
Villa des Gobelins
Rue Véronèse
Rue Rubens
R. de Campo-Formio
École nat. sup. des Arts et Métiers
Rue Pinel
Rue Vallet
Place Pinel
Nationale
Pas.
Rue Coypel
Mairie du XIIIe
Rue Édouard Manet
Rue Fagon
Pl. des Alpes
Boulevard Vincent Auriol
Lycée Rodin
Square René Le Gall
Bras mort de la Bièvre
Abel Hovelacque
Av. de la Sœur Rosalie
Rue des Reculettes
Rue du Champ de l'Alouette
Vulpian
Rue Paul Gervais
École Estienne
Place d'Italie
Rue Godefroy
Rue Yéo Thomas
Rue Nationale
Rue Edmond Gondinet
Sainte-Rosalie
Bd Auguste Blanqui
Corvisart
R. du Père Guérin
Rue Paulin Méry
Pass. du Moulin des Prés
Rue Albert Bayet
Avenue du Château
Rue Ricaut
Rue Le Dantec
Jardin Brassaï
Cinq Diamants
Rue Gérard
Rue Bobillot
13e
Rue Nicolas Fortin
Rue Georges Eastman
Avenue Edison
Rue Vergniaud
Bièvre
Passage Barrault
Rue des Samson
R. J.-M. Jégo
Rue Simonet
Avenue d'Italie
Parc de Choisy
Rue Charles Moureu
Stade Charles Moureu
Rue Daviel
Villa Daviel
Rue Alphand
Pas. Sigaud
Rue de la Butte aux Cailles
Passage Boiton
Rue de Pouy
Rue Chéreau
Place Paul Verlaine
Rue Vandrezanne
R. des Deux Avenues
Jardin de la Montgolfière
Rue du Moulinet
Rue Toussaint-Féron
Lycée Claude Monet
Rue Wurtz
Rue de l'Espérance
Rue Buot
Rue Michal
Rue Martin Bernard
Rue du Moulin des Prés
Pas du Moulinet
Tolbiac
Rue de Tolbiac
R. de la Maison Blanche
Impasse Baudricourt
Ste-Anne de la Maison-Blanche
Square des Peupliers
Pas. Foubert
Rue Ernest et Henri Rousselle
Rue du Dr Laurent
Rue Auguste Perret
Avenue de Choisy
Avenue d'Ivry
Rue Guyton de Morveau
Rue de la Providence
P. Bellier-Dedouvre
Rue Charles Fourier
Trubert-Bellier
Rue des Peupliers
Rue Henri Pape
Imp. Onfroy
Imp. Baudran
Rue Damesme
Rue du Moulin de la Pointe
Lycée Gabriel Fauré
R. Simone Weil
Rue Boussingault
Rue Lançon
Rue Barrault
Rue de la Colonie
Place de l'Abbé G. Henocque
Rue Dieulafoy
R. du Dr Laray
R. du Dr Landouzy
Rue du Dr Lecène
Hôpital des Peupliers
Rue Bourgon
R. de l'Industrie
Rue de la Vistule
R. Charles Bertheau
Rue Auguste Lançon
Rue Fontaine à Mulard
Rue Albin Haller
R. de la Place de Rungis
Rue de l'Interne Loeb
R. du Dr Charles Leroux
Imp. Damesme
Rue Caillaux
Rue Philibert Lucot
Rue de Rungis
Rue Brillat Savarin
Rue Küss
Rue du Dr Tuffier
Rue du Tage
Maison Blanche
Rue du Tibre
Jardin de la Poterne des Peupliers
Jardin du Moulin-de-la-Pointe
R. des Malmaisons
Rue des Longues Raies
Tour Chambord
Lycée Gaston Bachelard
Rue Tagore
Impasse du Crédit Lyonnais
Rue Cacheux
Boulevard Kellermann
Rue Gouthière
Rue Morot
Rue Aimé Caffieri
Rue de la Poterne des Peupliers
R. du Pr. L. Renault
Rue Max Jacob
Rue Keufer
Porte de Choisy
Porte d'Italie
Allée Marc Chagall
Rue Gandon
Rue Thomire
Avenue
Cimetière de Gentilly
Rue de Sainte Hélène
Stade Poterne des Peupliers
Parc Kellermann
Square Robert Bajac
R. du Dr Bourneville
Square Hélène Boucher
Rue F. Widal
Rue Paulin Enfert
Avenue Léon Bollée
Av. de la porte de Gentilly
Stade Charléty
R. Francis de Miomandre
Boulevard périphérique
Rue Bourget
Rue Paul Bourget
Square Aimé Rosny
Av. de la porte d'Italie
Gentilly
200 m
Porte de Gentilly
Porte d'Italie
1
2
3
4
5
6

Bièvre, Butte-aux-Cailles, Gobelins

Fiche pratique 14

2 h • 4 Km

64 m
40 m

Situation
13e arrondissement

M métro de départ : Porte-d'Italie (ligne 7)

métro d'arrivée : Gobelins (ligne 7)

La Bièvre, seul affluent important de la Seine à Paris, traverse plusieurs quartiers de la rive gauche sans que le promeneur d'aujourd'hui puisse s'en douter. Recouverte au 19e siècle pour des raisons de salubrité publique, elle a modelé ce quartier de Paris. Cette promenade permet d'en évoquer des traces et de découvrir de nombreux squares des années 1930.

❶ Sortir du métro et descendre l'avenue d'Italie.
Franchir le boulevard Kellermann (l'un des boulevards des Maréchaux qui suivent l'ancienne enceinte fortifiée de Thiers de 1840).
Entrer à droite dans le **square Robert-Bajac** (3 700 m2) qui fait pendant au **square Hélène-Boucher** (3 335 m2, porte d'Italie.
Traverser la rue du Docteur Bourneville, prendre la rue Paul-Bourget ; au coude, entrer dans le **parc Kellermann** *(voir page 94)*.
Descendre sur la droite vers la grande pièce d'eau au centre du parc. Remonter vers le Nord et ressortir rue Max-Jacob. Celle-ci descend à gauche vers la poterne des Peupliers, par laquelle la Bièvre franchissait les fortifications.

❷ Remonter pour prendre la rue du Professeur-Louis-Renault, franchir le boulevard Kellermann et pénétrer dans le minuscule **jardin de la Poterne des Peupliers**. Continuer en surplomb du boulevard, observer de l'autre

Parc Kellermann. *Photo C.M.*

À voir

Parcs et jardins

- parc Kellermann
- square Robert-Bajac
- square Hélène-Boucher
- jardin de la Montgolfière
- square Henri-Rousselle
- jardin Auguste-Blanqui
- square René-Le Gall
- square Baudricourt
- parc de Choisy
- jardin du Moulin-de-la-Pointe
- cimetière de Gentilly

Autres sites

- Poterne et jardin des Peupliers
- monument aux Mères françaises
- passage Vandrezanne
- château de la Reine Blanche
- manufacture des Gobelins

côté de celui-ci le jardin contenant le monument aux Mères françaises, contourner la tour Chambord et pénétrer dans le **jardin du Moulin-de-la-Pointe** (1,3 hectare) enclavé dans un groupe d'immeubles récents. Ressortir par l'entrée rue du Moulin-de-la-Pointe, franchir la Petite Ceinture, tourner à gauche rue du Tibre, puis à droite rue Damesme. Prendre en oblique les rues du Docteur-Lucas-Championnière, à droite du Docteur-Leray et à gauche Dieulafoy, bordées de maisons individuelles à l'architecture amusante avec leurs toits en fer de hache. Prendre à droite la rue Henri-Pape, à proximité de la place de l'abbé Georges-Hénocque, circulaire et ornée d'un square central et aussitôt à gauche la rue du Moulin-des-Prés. ❸

Parc Kellermann.
Photo C.M.

Pénétrer à gauche et faire le tour du **square des Peupliers**, îlot de calme bordé de petites maisons.
Traverser la rue de Tolbiac et la prendre à droite jusqu'au passage du Moulinet. Après la rue du Moulinet, se situe le **jardin de la Montgolfière** (1 180 m2), jardin en terrasse qui commémore le premier vol en ballon libre, réussi au 18e siècle.

Square René-Le-Gall.
Photo C.M.

❹ Remonter l'étroit passage Vandrezanne qui mène vers le sommet de la Butte-aux-Cailles. Celle-ci, défigurée à l'Est par les grands immeubles de l'opération Galaxie, est l'un des points culminants de la rive gauche avec ses 64 m.
La rue Vandrezanne, à gauche, mène à la rue Bobillot que l'on coupe à l'angle de la place Paul-Verlaine *(voir page 95)* avec le **square Henri-Rousselle**.
Les rues de la Butte-aux-Cailles à gauche, Jean-Marie-Jégo à droite, Samson à droite et Jonas à gauche conduisent au **jardin Brassaï** (6 410 m2).
Sa forte pente descendante, qui lui donne un aspect étonnant, ne vient pas de la volonté du paysagiste, mais de la nature du terrain. On y exploitait autrefois des réserves d'argile qui servaient à la fabrication de tuiles et de briques. De beaux massifs de plantes dévalent les pentes abruptes du jardin.
Passer sous un porche de l'immeuble-barre bordant le boulevard Auguste-Blanqui (panneau histoire de Paris sur un épisode de la Commune). Traverser les deux voies du boulevard Auguste-Blanqui encadrant le métro Corvisart.

Parc Kellermann.
Photo C.M.

❺ Descendre la rue Corvisart et pénétrer dans le **square René-Le-Gall** *(voir page 94)*.
A son extrémité, monter l'escalier sur la gauche et poursuivre dans l'extension récente, derrière le Mobilier national, construit par Auguste Perret entre les deux guerres dans le style caractéristique qu'il développera pour la reconstruction du Havre.
Ressortir rue Émile-Deslandres, et à peu près en face, à droite, prendre la rue Gustave-Geffroy, à l'angle de la manufacture de tapisserie des Gobelins.
Observer l'édifice appelé château de la Reine Blanche, prendre la rue des Gobelins à gauche pour revoir le château sous un autre angle.
La courte rue des Marmousets débouche sur le boulevard Arago à prendre à droite.
Arriver au vaste carrefour des boulevards Arago, Port-Royal et Saint-Marcel avec l'avenue des Gobelins.

Square René-Le-Gall.
Photo C.M.

❻ Remonter celle-ci sur quelques mètres pour rejoindre le métro Gobelins.

Le parc Kellermann

Le plus grand jardin du 13e arrondissement… Les 5,6 hectares de ce jardin recouvrent l'ancien lit de la Bièvre, là où elle pénétrait dans Paris. Il a épousé les formes fortement dénivelées du terrain, imposant la création réussie d'un jardin en terrasses sur trois niveaux. La première partie en hauteur est constituée d'un jardin néo-classique et celle en contrebas, au niveau de la rue, est d'un style assez régulier. Il reste fidèle à la mémoire de la Bièvre grâce à son bassin, sa rivière et sa cascade, encadrée par deux escaliers qui mènent à la terrasse.
Il a été créé en 1937 sur une partie des anciennes fortifications de Thiers qui s'étendaient sur trente kilomètres autour de Paris, devenu obsolète en raison des progrès de l'artillerie. Détruites après la Première Guerre mondiale, un vaste projet de réaménagement fut entrepris à partir de 1925. Le parc Kellermann est caractéristique du style art déco par le style de ses bâtiments, en particulier la galerie en demi-cercle.

Parc Kellermann. *Photo C.M.*

Le square René-Le Gall

Un square néoclassique des années 1930… Il est situé à l'emplacement du potager des tapissiers de la manufacture des Gobelins. La Bièvre l'entourait autrefois de ses deux bras. Une petite rivière artificielle rappelle son existence. C'était alors une des nombreuses petites îles de Paris, l'île aux Singes, où les bateleurs avaient l'habitude de laisser leurs singes en toute liberté. Le square René-Le Gall est un exemple du style néo-classique de l'entre-deux-guerres par ses quatre gloriettes, son obélisque et ses haies bien taillées, son décor en rocaille représentant des masques et des oiseaux réalisé à partir de galets et de fossiles. L'architecte Jean-Charles Moreux s'inspira du peintre italien du 16e siècle Arcimboldo, qui avait la

Décoration dans le square. *Photo C.M.*

particularité de réaliser des portraits par un ingénieux assemblage de fruits, de légumes et de fleurs. Quelques pies bavardes construisent leur gros nid coiffé de petites branches en haut des arbres, au printemps. Planté en 1893, un beau marronnier d'Inde trône au pied de l'escalier côté sortie Nord-Est : sa circonférence dépasse 3 mètres !

En suivant la Bièvre, la rivière de Paris

Du Moyen Age au 19e siècle, on utilisa l'eau de cette rivière, indispensable à certains métiers : tanneurs, teinturiers, dont les célèbres Gobelins... A la belle saison, on y pêchait ; l'hiver, on découpait des blocs de glace pour les conserver dans le quartier, qui s'appellera « Glacière ». Mais elle se transforma peu à peu en égout à ciel ouvert.
Aujourd'hui, la Bièvre parcourt une quarantaine de kilomètres à partir de Guyancourt dans les Yvelines, traversant de nombreuses communes du Val-de-Marne, ainsi que le parc Kellermann et les Gobelins jusqu'à la Seine à Austerlitz.

Rue Dieulafoy. *Photo C.M.*

Un puits artésien

L'eau pure d'un puits à Paris... Plantée de beaux marronniers, la place Paul-Verlaine est connue pour son puits. Elle fit l'objet, en 1863, de longs travaux pour forer un puits d'eau potable à 600 m de profondeur. C'est un puits artésien : les eaux pluviales s'infiltrent dans le sol jusqu'à rencontrer une couche de sable qui surmonte une couche d'argile imperméable puis se retrouve profondément en dessous de Paris. D'une température de 28 °C, cette eau alimente la piscine municipale de la Butte-aux-Cailles.

Jardin de la Poterne-des-Peupliers. *Photo C.M.*

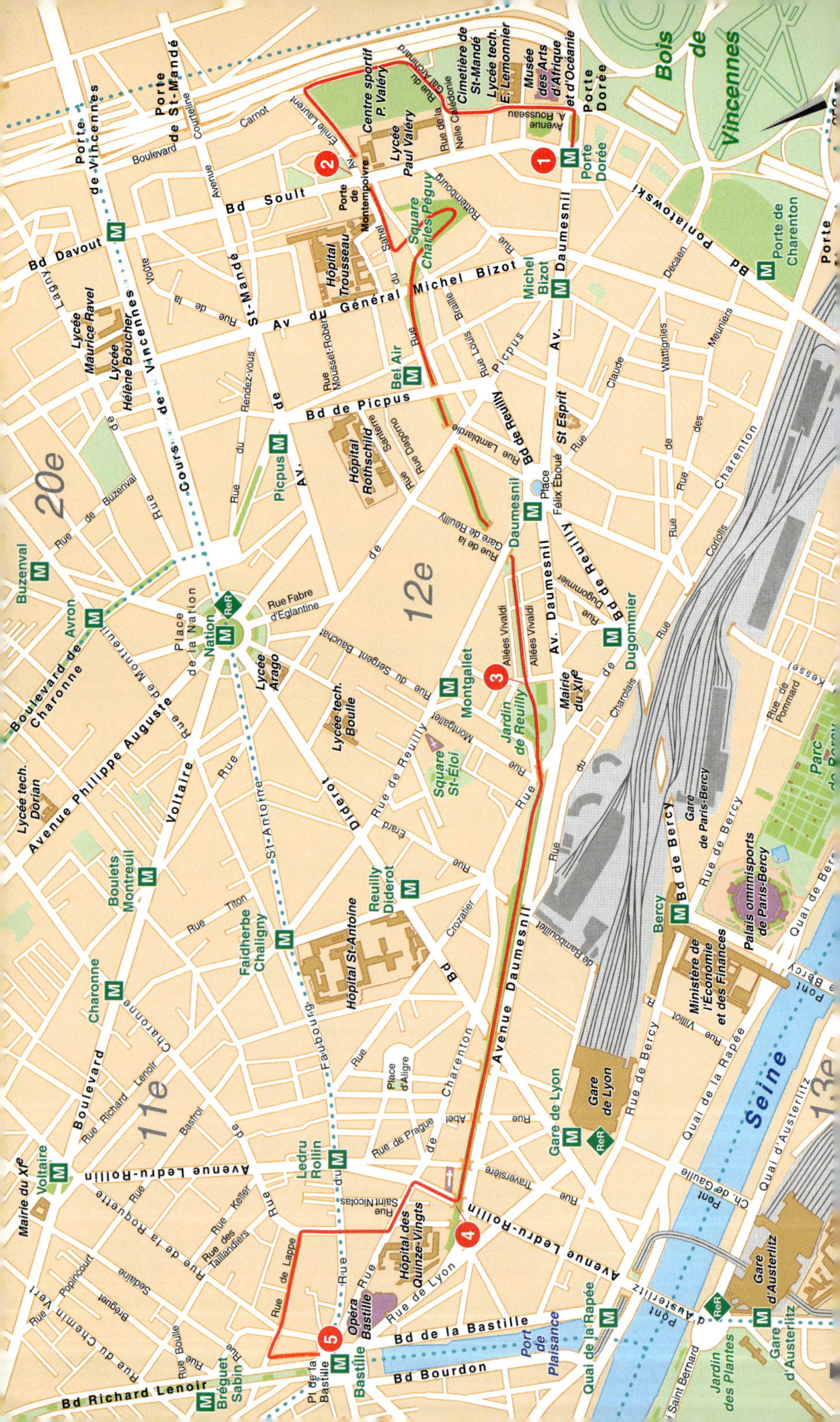

Bois de Vincennes
Porte Dorée
Musée des Arts d'Afrique et d'Océanie
Lycée tech. E. Lemonnier
Cimetière de St-Mandé
Centre sportif P. Valéry
Lycée Paul Valéry
Porte de Montempoivre
Square Charles Péguy
Hôpital Trousseau
Porte de St-Mandé
Porte de Vincennes
Bd Soult
Bd Davout
Bd Poniatowski
Porte de Charenton
Av. du Général Michel Bizot
Michel Bizot
Av. Daumesnil
Bel Air
Bd de Picpus
Picpus
Hôpital Rothschild
Lycée Maurice Ravel
Lycée Hélène Boucher
Cours de Vincennes
20e
12e
11e
Buzenval
Avron
Nation
Place de la Nation
Rue Fabre d'Eglantine
Lycée Arago
Daumesnil
Place Félix Éboué
St Esprit
Bd de Reuilly
Dugommier
Allées Vivaldi
Montgallet
Jardin de Reuilly
Mairie du XIIe
Lycée tech. Boulle
Square St-Eloi
Rue de Reuilly
Reuilly Diderot
Bd Diderot
Hôpital St-Antoine
Faidherbe Chaligny
Boulets Montreuil
Boulevard de Charonne
Avenue Philippe Auguste
Lycée tech. Dorian
Charonne
Boulevard Voltaire
Rue du Faubourg St-Antoine
Avenue Daumesnil
Place d'Aligre
Rue de Charenton
Gare de Lyon
Gare de Paris-Bercy
Bd de Bercy
Bercy
Palais omnisports de Paris-Bercy
Ministère de l'Économie et des Finances
Parc de Bercy
Rue de Bercy
Quai de la Rapée
Seine
Quai d'Austerlitz
Gare d'Austerlitz
Jardin des Plantes
Pont d'Austerlitz
Pont de Bercy
Avenue Ledru-Rollin
Ledru Rollin
Hôpital des Quinze-Vingts
Opéra Bastille
Rue de Lyon
Bd de la Bastille
Bd Bourdon
Port de Plaisance
Bastille
Pl. de la Bastille
Bd Richard Lenoir
Bréguet Sabin
Rue de Lappe
Rue de la Roquette
Rue du Chemin Vert
Voltaire
Mairie du XIe
Quai de la Rapée
1
2
3
4
5

La Promenade Plantée

Fiche pratique 15

Une promenade suspendue qui vous surprendra… Créée en 1988 à l'emplacement de l'ancienne ligne de chemin de fer qui reliait depuis 1859 la place de la Bastille à la Varenne-Saint-Maur, c'est aujourd'hui une succession de jardins étalés sur 4,5 km : une situation en hauteur qui vous permet de traverser l'Est de Paris sans fouler le bitume, entre la Bastille et le bois de Vincennes. Cette balade vous fera aussi découvrir le charme du faubourg parisien et de ses petits jardins.

❶ Sortir du métro Porte-Dorée.
Remonter le long de la place Édouard-Renard, comprenant le **square des Combattants d'Indochine** et dominée par une statue dorée de « la France apportant la paix et la prospérité aux colonies ».
Tourner à gauche dans l'avenue Armand-Rousseau et longer l'ancien musée des Arts d'Afrique et d'Océanie, édifié après l'Exposition coloniale de 1931 ; c'est de cette même exposition que date le zoo de Vincennes situé à proximité *(voir page 138)*. Ses colonnes abritent le mur de façade entièrement couvert de bas-reliefs gigantesques.
L'avenue du Général-Messimy et la rue du Général-Archinard à droite longent le **cimetière de Saint-Mandé**.
Continuer par la rue Edouard-Lartet entre un terrain de sports et le boulevard périphérique, et descendre sur la Promenade plantée, soit par l'escalier métallique, soit par la rampe.

❷ Passer sous le boulevard Soult puis sous la Petite Ceinture.
Tourner à gauche dans la rue Marie-Laurencin pour rejoindre le **square Charles-Péguy** (1,3 hectare). C'est un jardin dont le point central est constitué d'un bassin en cascade entouré de catalpas. Vous reconnaîtrez cet arbre à ses feuilles en forme de cœur et à ses fleurs blanches en trompette regroupées en petites grappes. Cette partie plus minérale est aussi constituée d'un vaste lieu de détente, un amphithéâtre, qui contraste avec la végétation plus dense caractérisée par les plantes de terre de bruyère et les conifères. Parfois, un rouge-gorge vient s'y perdre, cherchant à terre des baies ou des vers.
Aller jusqu'à son extrémité Sud (sortie sur la rue de Rottembourg) en passant par l'amphithéâtre et tourner en épingle à cheveux pour rejoindre la promenade en empruntant la trace courbe d'un ancien raccordement entre la ligne de la Bastille et la Petite Ceinture.

2 h 30
6 Km

Situation
12e-11e arrondissements

M métro de départ : Porte-Dorée (ligne 8)

métro d'arrivée : Bastille (lignes 1, 5, 8)

À voir

Parcs et jardins

- Promenade Plantée
- square Charles-Péguy
- jardin de Reuilly
- jardin Hector-Malot
- promenade Richard-Lenoir
- cimetière de Picpus (Révolution)

Autres sites

- viaduc des Arts : boutiques sous les voûtes, panorama
- place de la Bastille et Colonne de Juillet, surmontée de son Génie

Le viaduc.
Photo DPJEV.

Revenir en contrebas sur la Promenade Plantée, traverser l'avenue du Général-Michel-Bizot, passer sous le boulevard de Picpus *(métro Bel-Air)* puis sous la rue de Picpus. Tout au long de ce trajet, existe une piste cyclable, aménagée séparément du chemin pour piétons. Un long tunnel sous la rue de Reuilly, traité en rocaille, débouche sur une nouvelle section de la promenade.
L'allée Vivaldi, qui laisse à gauche l'ancienne gare de Reuilly, est un large mail bordé d'immeubles modernes.

❸ A la sortie du mail, apparaît le **jardin de Reuilly**.
Traverser le jardin par sa passerelle, ce qui permet d'en apprécier l'ampleur, due à l'emplacement de la gare de marchandise. Des installations sportives, dont une piscine, complètent l'ensemble, entouré d'immeubles récents. Au sortir de la passerelle, tourner à droite dans la rue Jacques-Hillairet, pour pénétrer dans le jardin, et contourner celui-ci par l'allée circulaire décorée de statues. La pelouse forme une composition architecturale avec les jardins thématiques. Des aires de jeux complètent le tout.
Remarquer à gauche, de l'autre côté de l'avenue Daumesnil, la mairie du 12e arrondissement.
Revenu à la fin de la passerelle, emprunter le petit pont au-dessus de la rue de Charenton, qui se poursuit à travers un immeuble.
Cette dernière section va conduire le promeneur jusqu'à proximité de la Bastille par le viaduc longeant l'avenue Daumesnil. Espaces ouverts et fermés se succèdent, ponctués de treilles et de pergolas. Tilleuls et cerisiers constituent la végétation de haute tige. Rosiers et lavandes embaument alentour.
En 1989, la Ville de Paris a commencé une vaste opération de réhabilitation des 71 arcades du viaduc, situées sous la Promenade Plantée. Ces espaces sont destinés aux artisans parisiens du meuble et accessoires, qui doivent effectuer sur place la majeure partie de leur travail. Certains ont même installé leurs ateliers en vitrine, ce qui permet d'assister en direct à la naissance de leurs créations.
En franchissant la rue de Rambouillet, remarquer à gauche l'immeuble public (commissariat et gymnase) dont la galerie supérieure est soutenue par des copies de l'Esclave de Michel-Ange…

Après le boulevard Diderot, se situe le **jardin Hector-Malot**.
Ce jardin en terrasses d'une surface de 2 400 m2 se prolonge en pente douce vers la rue Hector-Malot. Les deux terrasses qui le caractérisent sont habilement séparées par une immense haie de bambous. En automne, les briques rouges qui pavent le sol de la

terrasse supérieure s'harmonisent avec les érables qui prennent une magnifique teinte rouge. L'eau qui court dans les canaux et les fontaines descend jusqu'à la terrasse inférieure où les fleurs exhalent un parfum délicat.
Juste après l'avenue Ledru-Rollin, le viaduc se termine derrière l'opéra Paris-Bastille, bâti sur l'emplacement de l'ancienne gare.

❹ Pour rejoindre la place de la Bastille, prendre l'avenue Ledru-Rollin à droite (plaque historique évoquant la Trole, marché de meubles fabriqués par les artisans du faubourg Saint-Antoine), la rue de Charenton à gauche, le pittoresque passage du Chantier (2e à droite). Continuer au-delà de la rue du faubourg Saint-Antoine (fontaine Trogneux à l'angle) par la rue de Charonne, la rue de Lappe à gauche et la rue Daval pour prendre le passage de la cour Damoye restauré.
Déboucher sur la place de la Bastille, vaste esplanade au carrefour des boulevards de la Bastille, Bourdon, Henri IV et de la rue Saint-Antoine (au débouché de laquelle se situait la célèbre forteresse, matérialisée au sol par une rangée de pavés), des boulevards Beaumarchais et Richard-Lenoir et des rues de la Roquette, du faubourg Saint-Antoine, de Charenton et de Lyon. Cette place historique vécut la prise de la Bastille le 14 juillet 1789. La Colonne de Juillet (1831-1840), couronnée par le Génie de la Liberté à 52 m de hauteur, commémore le souvenir des Parisiens tués en juillet 1830. Les victimes des journées de 1830 et 1848 sont enterrées dans le soubassement et leurs noms gravés en bas du fût de bronze.

Photo DPJEV.

Arriver sur le port de plaisance et le **jardin de Paris-Arsenal**.

❺ Retrouver le métro Bastille.

Une promenade suspendue

Les concepteurs de la Promenade Plantée ont réussi à allier la végétation sauvage, qui était présente du temps de la ligne de chemin de fer, à un aménagement paysager plus moderne… On peut ainsi évoluer au milieu des liserons des champs et des pavots sauvages, alors qu'un flot de voitures circule en contrebas du viaduc. Les anciennes structures ferroviaires ont été conservées. Vous pénétrez plus loin dans un tunnel et ressortez accueilli par de majestueux tilleuls. Vous plongez dans un jardin creusé dans une tranchée et passez sous des pergolas en fleurs…

19e
10e
9e
18e
11e
2e
Boulevard de Clichy
Boulevard de la Chapelle
Bd de Rochechouart
Av. Trudaine
Bd de la Villette
Av. Secrétan
Av. Parmentier
Rotonde de la Villette
Place de Stalingrad
Stalingrad
Jean Jaurès
Colonel Fabien
Goncourt
Louis Blanc
Canal St-Martin
Hôpital St-Louis
Bd J. Ferry
Place de la République
République
Lycée Colbert
Hôpital Fernand Widal
Gare de l'Est
Gare du Nord
Hôpital Lariboisière
Square Villemin
Jacques Bonsergent
St Martin des Champs
Magenta
Mairie du Xe
Château d'Eau
Bd de Strasbourg
Bd de Sébastopol
Bd St Martin
Strasbourg St Denis
Porte St-Denis
Porte St-Martin
Cons. des Arts et Métiers
Temple
Hôpital St-Lazare
Square Satragne
St-Vincent de Paul
Barbès Rochechouart
Lycée Lamartine
Poissonnière
Square de Montholon
Cadet
Bonne Nouvelle
Bd de Bonne Nouvelle
Bd Poissonnière
Grands Boulevards
Bd Montmartre
Bourse
Richelieu Drouot
Le Peletier
Anvers
Lycée J. Decour
Place St-Pierre
Abbesses
Pigalle
Place Pigalle
Place Blanche
St-Georges
Square A.-Biscarre
St Constantin Ste Hélène
N.-D. de Lorette
Notre-Dame de Lorette
Trinité
Sainte Trinité
Pl d'Estienne d'Orves
Chaussée d'Antin
Boulevard Haussmann
Bd des Italiens
Quatre-Septembre
Opéra Garnier
Opéra
Av. de l'Opéra
Place de l'Opéra
Pl. Vendôme
Pl du Marché St-Honoré
Rue de Clichy
Rue La Fayette
Rue du Fg Poissonnière
Rue du Faubourg St-Denis
Rue du Faubourg St-Martin
Rue du Faubourg du Temple
Rue Réaumur
Rue du 4 Septembre
1
2
3
4
5
6
7

De la Trinité au canal Saint-Martin

2 h
4,5 Km

Situation
9e-10e arrondissements

M métro de départ : Trinité (ligne 12)
métro d'arrivée : Colonel-Fabien (ligne 2)

Un Paris méconnu... De square en square, cette balade vous surprendra par ses beaux hôtels particuliers dans un secteur bien réhabilité. Vous découvrirez ainsi ce que l'on appelait « la Nouvelle Athènes », l'axe reliant la Trinité et Notre-Dame-de-Lorette, et le quartier Saint-Georges, désignant le secteur situé à l'Est de la rue de La Rochefoucauld. Au bout de cette promenade, vous trouverez le canal Saint-Martin.

❶ Au sortir du métro, pénétrer et faire le tour du **square d'Estienne-d'Orves** *(voir page 103)*.
Longer le flanc Est de l'église par la rue de Cheverus, tourner à droite dans la rue de la Trinité. Après la rue Blanche (la proximité des carrières de gypse de Montmartre lui ont valu ce nom car les véhicules qui transportaient le plâtre passaient par cette rue et laissaient au passage une poussière blanche), poursuivre en face par la rue de la Tour-des-Dames avec ses hôtels particuliers.
Remonter la rue de La Rochefoucauld ; remarquer l'hôtel abritant le musée Gustave-Moreau ainsi que la façade du n° 19.
Prendre à droite la rue La Bruyère et, au bout, pénétrer dans le **square Alex-Biscarre**.

❷ Descendre à droite jusqu'à la place Saint-Georges *(métro)*, bordée par l'hôtel Dosne-Thiers (reconstruit en 1873) et par l'hôtel de la Païva (1840). Au centre de la place, une fontaine entoure la statue de Gavarni.
Revenir en arrière jusqu'à la rue Henri Monnier puis au triangle planté de marronniers de la place Toudouze ; redescendre pour emprunter la rue Laferrière qui passe derrière l'hôtel de la Païva et devant l'église orthodoxe grecque Saint-Constantin-Sainte-Hélène.
Descendre la rue Notre-Dame-de-Lorette (en bas, vue sur le chevet de l'église du même nom) et à gauche remonter la rue des Martyrs.
Prendre à droite la rue Choron et, presqu'en face dans la rue de Maubeuge, l'impasse Briare, à gauche la rue de Rochechouart, puis à droite la rue Mayran et traverser le **square Montholon** *(voir page 103)*.

❸ Traverser la rue La Fayette, prendre la rue de Montholon, couper la rue du Faubourg-Poissonnière, quittant ainsi le 9e pour le 10e, poursuivre par la rue des Messageries un peu à droite, puis à gauche par la rue

À voir

Parcs et jardins

- square d'Estienne-d'Orves
- square Alex-Biscarre
- square Villemin
- square Eugène-Varlin
- square Montholon
- square Alban-Satragne
- square des Récollets
- canal Saint-Martin

Autres sites

- église de la Trinité
- musée Gustave-Moreau
- hôtel Dosne-Thiers : musées et bibliothèques
- place Saint-Georges
- église Notre-Dame-de-Lorette
- musée du Grand-Orient de France
- musée Grévin
- église Saint-Laurent
- gare du Nord
- gare de l'Est

Square Montholon.
Photo C.M.

d'Hauteville (belle vue sur l'église Saint-Vincent-de-Paul), prendre la cité d'Hauteville, la rue de Chabrol à droite, puis la cité de Chabrol à droite et la cour de la Ferme Saint-Lazare.

❹ En descendant légèrement la rue du faubourg Saint-Denis, atteindre le **square Alban-Satragne** (1963).
Il est situé à l'emplacement d'une dépendance de l'ancienne prison Saint-Lazare créée à la Révolution et dont l'activité perdura jusqu'en 1935. Là se trouvait la ferme qui permettait de nourrir les prisonniers. C'était au 12e siècle le siège d'une léproserie et en 1632 celui de la mission Saint-Vincent-de-Paul. Tout le quartier constituait « l'enclos Saint-Lazare ».
Descendre la rue du Faubourg-Saint-Denis, la traverser pour prendre à gauche la rue de la Fidélité et aboutir au carrefour des boulevards de Strasbourg et de Magenta, où se situe l'église Saint-Laurent, l'une des plus anciennes des villages de Paris, d'un beau style gothique tardif. Sa façade, en faux gothique flamboyant, a remplacé en 1868 celle du 18e siècle frappée d'alignement par les grandes percées haussmanniennes. Longer le flanc Sud de l'église par le **square Saint-Laurent**. Traverser la rue du Faubourg Saint-Martin en remarquant la belle façade de la gare de l'Est, agrandie en 1932 à l'identique de la façade d'origine (face au boulevard de Strasbourg).
Prendre le passage des Récollets, qui tourne à angle droit et aboutit devant le portail de l'Hôpital militaire Villemin. Ce portail est le seul vestige de cet hôpital, qui occupait l'ancien emplacement du couvent des Récollets. Il donne accès au beau **jardin Villemin**.

❺ Traverser le jardin vers l'Est et déboucher sur le canal Saint-Martin.
Descendre à droite le quai de Valmy jusqu'au **square des Récollets** qui encadre une écluse du canal, franchir celui-ci, aller et retour, par les jolies passerelles en dos d'âne, et remonter le quai de Valmy en remarquant les réalisations modernes ponctuées d'espaces verts comme celui de la place Raoul-Follereau (ornée du buste de l'apôtre des lépreux). Atteindre le **square Eugène-Varlin**, lui aussi aménagé autour de l'écluse suivante.

❻ Traverser le pont et remonter légèrement le quai de Jemmapes.

Prendre la rue Georges-Frédéric-Haendel, traitée en promenade plantée au centre d'un quartier moderne. Continuer après la place Robert-Desnos, par la rue Albert-Camus (monument) et arriver place du Colonel-Fabien (sur le boulevard de la Villette). Celui-ci, créé sur l'emplacement de l'enceinte des Fermiers Généraux, marquait la limite de Paris jusqu'en 1860 ; il sépare le 10e et le 19e arrondissements. La place, anciennement du Combat, évoquant les combats d'animaux qui s'y déroulaient, est maintenant connue par les bâtiments du siège du Parti communiste français, édifiés par Oscar Niemeyer, Jean Deloche et Paul Chemetov (1965-1971).

7 Trouver le métro Colonel-Fabien sur la place.

Du hameau des Porcherons à la Trinité

Avant le second Empire, c'était un des multiples quartiers de Paris où l'on venait s'encanailler dans les guinguettes. On l'appelait le hameau des Porcherons. Ramponneau y tenait un cabaret où l'on buvait son fameux vin, connu pour faire tourner la tête, « ginguer » dans le langage de l'époque, ce qui donna le nom de « guinguette ». Les guinguettes étaient fréquentées par les militaires des Gardes françaises, cantonnés dans la caserne proche : Saint-Lazare. Mais toute cette folle vie s'est arrêtée sous Napoléon III. Le hameau fut englouti dans les grands travaux du baron Haussmann. On y édifia l'église de la Sainte-Trinité, sur les dessins de l'architecte Théodore Ballu (qui participa à la reconstruction de l'Hôtel de Ville de Paris en 1873) et le square d'Estienne-d'Orves.

Haussmann choisit son architecte favori, l'ingénieur Alphand, pour aménager le site. Celui-ci resta fidèle à l'esprit de la Trinité en organisant le jardin autour du chiffre 3 : 3 statues (la Foi, l'Espérance, la Charité) trônent au sommet de l'escalier. La deuxième protège 3 enfants au pied duquel 3 vases en bronze laissent rejaillir l'eau qui retombe sur les 3 fontaines enlacées par les bras de l'escalier. Même le jardin est ordonné autour de 3 pelouses, qui s'harmonisent avec le porche à 3 arcades de l'église (le compositeur Olivier Messiaen y fut organiste pendant quarante ans).

Le square Montholon

Datant de 1863, c'est l'un des 24 jardins créés par Alphand sous le second Empire. Seul souvenir du jardin d'origine : les très belles grilles en fonte aux motifs en forme de cœur et les deux platanes plus que centenaires, dont l'un dépasse 30 m de hauteur et 4 m de circonférence ! Une sculpture, Sainte-Catherine, rend hommage aux ouvrières du quartier (Lorieux, 1925). Si vous êtes attentifs, vous verrez certainement des mésanges, bleues ou charbonnières, « les Attilas des chenilles ».

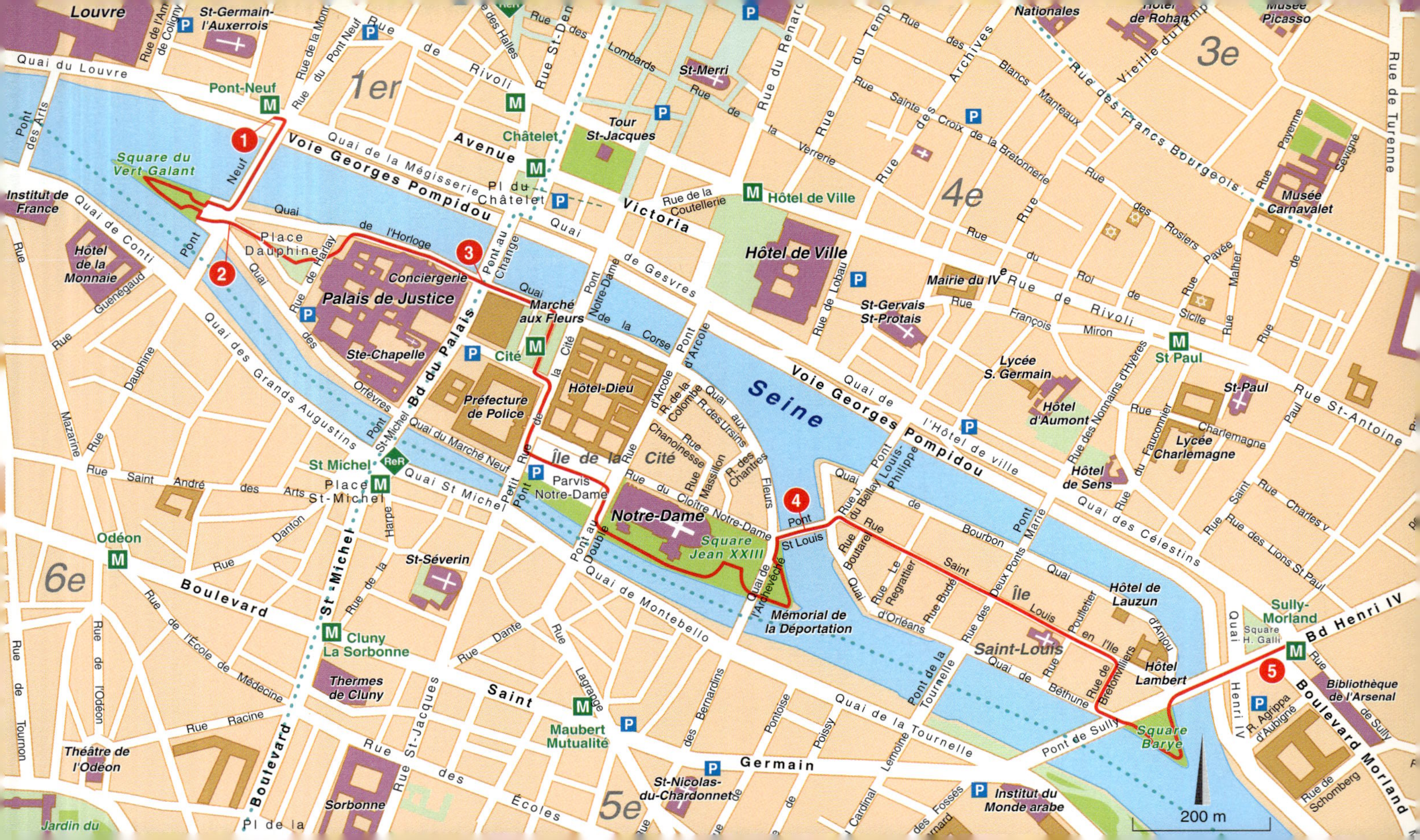

Louvre
St-Germain-l'Auxerrois
Pont-Neuf
1er
Châtelet
Tour St-Jacques
St-Merri
Hôtel de Ville
4e
3e
Musée Picasso
Hôtel de Rohan
Nationales
Musée Carnavalet
Square du Vert Galant
Institut de France
Hôtel de la Monnaie
Place Dauphine
Conciergerie
Palais de Justice
Ste-Chapelle
Marché aux Fleurs
Cité
Préfecture de Police
Hôtel-Dieu
Île de la Cité
Parvis Notre-Dame
Notre-Dame
Square Jean XXIII
Mémorial de la Déportation
Seine
Voie Georges Pompidou
Mairie du IVe
St-Gervais St-Protais
Lycée S. Germain
Hôtel d'Aumont
St Paul
St-Paul
Lycée Charlemagne
Hôtel de Sens
Île Saint-Louis
Hôtel de Lauzun
Hôtel Lambert
Sully-Morland
Square H. Galli
Bibliothèque de l'Arsenal
Boulevard Morland
Bd Henri IV
Square Barye
Institut du Monde arabe
St-Nicolas-du-Chardonnet
5e
Maubert Mutualité
St-Séverin
St Michel
Place St-Michel
Cluny La Sorbonne
Thermes de Cluny
Sorbonne
Odéon
6e
Théâtre de l'Odéon
Jardin du
Boulevard St-Michel
Boulevard Saint Germain
Quai du Louvre
Quai de la Mégisserie
Quai des Grands Augustins
Quai St Michel
Quai de Montebello
Quai de la Tournelle
Quai des Célestins
Quai de Béthune
Quai d'Orléans
Quai de Bourbon
Rue de Rivoli
Rue St-Antoine
Rue des Francs Bourgeois
Rue Vieille du Temple
Rue de Turenne
Pont Neuf
Pont au Change
Pont Notre-Dame
Pont d'Arcole
Pont St Louis
Pont Louis-Philippe
Pont Marie
Pont de la Tournelle
Pont de Sully
Pont des Arts
Pont au Double
Petit Pont
Pont St-Michel
200 m
1
2
3
4
5

L'île de la Cité et l'île Saint-Louis

Fiche pratique **17**

Une promenade pour flâner sur les îles et les quais de la Seine, voir passer péniches et bateaux-mouches, pour regarder les arbres et écouter les oiseaux, tout en découvrant le cœur historique de la Cité… L'île de la Cité fut pendant longtemps la seule île de Paris habitée ; berceau de Lutèce, elle abrita au 14e siècle le Palais du roi capétien Philippe le Bel. Sa voisine l'île Notre-Dame était autrefois un pâturage ; elle fut urbanisée au 17e siècle par le roi Henri IV et rebaptisée en 1725 île Saint-Louis.

❶ Sortir du métro Pont-Neuf sur le quai côté Seine, en vue de l'hôtel de la Monnaie *(musée et boutique)*.
Prendre le Pont-Neuf (1604 : le plus vieux pont de Paris), ce qui permet d'admirer son architecture et sa décoration de mascarons (têtes sculptées). Jusqu'en 1813, lui était accolée une pompe dite de la Samaritaine qui alimentait le Louvre en eau.
Sur le terre-plein central, voir la statue d'Henri IV refaite à l'identique sous la Restauration. Les bas-reliefs du socle représentent le roi faisant ravitailler Paris et son entrée triomphale à Paris.
Descendre l'escalier de droite et déboucher devant le **square du Vert-Galant** *(voir page 107)*.
Aller jusqu'à la pointe du square pour apprécier l'enfilade du fleuve et de ses ponts, bordé à droite par le Louvre, à gauche par la Monnaie et l'Institut.

❷ Remonter sur le terre-plein ; par la rue Henri-Robert, entre les deux pavillons Louis XIII, pénétrer sur la **place Dauphine**, dont le dessin classique est maintenant

Square du Vert-Galant. *Photo C.M.*

1h30
3 Km

Situation

1er-4e arrondissements

M — métro de départ : Pont-Neuf (ligne 7)

métro d'arrivée : Sully-Morland (ligne 7)

À voir

Parcs et jardins

- place Dauphine
- square du Vert-Galant
- square Jean XXIII
- square Barye
- square Henri-Galli

Autres sites

- quais, ponts et perspectives sur la Seine
- Monnaie de Paris
- île de la Cité : marché aux Fleurs, Horloge, Conciergerie, Sainte-Chapelle, Palais de justice, Notre-Dame-de-Paris (cathédrale, musée, tours)
- crypte archéologique
- île Saint-Louis : église et hôtels particuliers

Square du Vert-Galant. *Photo DPJEV.*

défiguré par la destruction du troisième côté, abattu pour faire place à la morne façade du Palais de justice, qui comprend 3 escaliers, elle est décorée de 6 statues allégoriques (dont la Loi et la Justice) et de 2 lions mélancoliques.
Prendre à gauche pour rejoindre le quai de l'Horloge.

❸ Traverser le boulevard du Palais, passant ainsi du 1er au 4e arrondissement.
Suivre le quai de Corse, le long du Tribunal de commerce, dominé d'une coupole ; déboucher place Louis-Lépine : **marché aux Fleurs**.
Par la rue de la Cité à droite, entre l'Hôtel-Dieu et la Préfecture de police, gagner le parvis Notre-Dame et le parcourir en direction de la cathédrale, le long de l'espace vert orné de la statue de Charlemagne.
Pénétrer dans le **square Jean XXIII** *(voir page 107)* et admirer le flanc et le croisillon Sud de Notre-Dame, puis son chevet.
Quitter ce square pour le **square de l'Ile-de-France**, en face, créé en 1914. Il a effacé le souvenir de la tristement célèbre morgue installée là par Haussmann en 1864.
Descendre dans le Mémorial de la déportation (1960), à l'atmosphère suggestive et oppressante.

Square Jean XXIII. *Photo C.M.*

❹ Passer le pont Saint-Louis et parcourir la rue Saint-Louis-en-l'Ile. Passer devant l'église et prendre la rue de Bretonvilliers qui s'ouvre sous un porche. Le quai de Béthune conduit au **square Barye,** d'où la vue s'ouvre vers l'amont de la Seine, encadrée au loin par le ministère de l'Economie et des Finances et la Bibliothèque nationale de France.
Ressortir sur la droite, passer le pont Sully et pénétrer dans le **square Henri-Galli** qui mérite un détour car il abrite l'unique vestige de la forteresse de la Bastille, découvert en 1899 à l'occasion de la construction de la ligne de métro n° 1 Porte de Vincennes-Porte Maillot. Son sous-sol cache aussi une partie des fortifications de Charles V découvertes en 1828, lors du creusement de la station de métro Sully-Morland.

❺ Reprendre le métro.

Ile de la Cité et square du Vert-Galant

L'actuelle île de la Cité fut, comme chacun sait, le berceau de la ville de Lutèce. La ville était alors construite au niveau du square du Vert-Galant, c'est-à-dire 7 mètres plus bas que le sol bâti actuel. Autrefois, l'île de la Cité était suivie de trois petits îlots : l'île des Passeurs de Vaches, l'île de la Gourdaine et l'île aux Juifs, où se trouve le jardin. C'est en 1607 qu'elles furent rattachées les unes aux autres pour agrandir l'île de la Cité, dans le but d'y construire le Pont-Neuf et la place Dauphine.

Au 18e siècle, la pointe Ouest de l'île de la Cité, qui était restée déserte jusqu'alors, vit s'installer un établissement de bains qui rencontra un franc succès. Ce concept était très en vogue à l'époque, à tel point que son propriétaire pouvait s'enorgueillir de posséder 6 établissements sur les bords de Seine. Les 200 baignoires ne désemplissaient pas. Le jardin du Vert-Galant est de 1836, date à laquelle cette activité cessa. Le lieu resta animé grâce au café-concert du Vert-Galant ; mais en 1879, une inondation le raya de la carte. Cédé à la ville par l'Etat en 1884, le jardin porte le surnom du roi Henri IV, célèbre pour sa vie sentimentale mouvementée et pour avoir réconcillié les Français entre eux.

Archevêché et square Jean XXIII

Le comte de Rambuteau, préfet de la Seine de 1833 à 1848, fut chargé de la création du jardin. Achevé en 1844, ce fut le premier jardin public de quartier. Il nécessita la démolition des maisons insalubres datant du Moyen Age, qui entouraient la cathédrale Notre-Dame depuis 1163.

Le terrain qui jouxtait au Sud la cathédrale Notre-Dame était occupé jusque dans les années 1830 par le palais de l'Archevêché. Celui-ci était célèbre pour sa beauté et la grandeur de ses pièces. Il possédait déjà un jardin. Mais les événements de la Commune, qui furent la cause de la disparition de nombreuses merveilles architecturales, ne l'épargnèrent pas. En ruines, il fut rasé. Lors de la restauration de Notre-Dame, Viollet-le-Duc construisit le presbytère et la sacristie que l'on aperçoit au fond du jardin.

C'est aujourd'hui un jardin peuplé de cerisiers du Japon et d'ormes de Sibérie.

Le square Jean XXIII est le lieu favori d'observation des ornithologues ; 3 à 5 couples de faucons crécerelles y nichent en permanence, ces rapaces d'Ile-de-France s'étant peu à peu sédentarisés. Le CORIF (Centre ornithologique d'Ile-de-France) organise plusieurs fois par an des journées d'observation. A l'aide d'une longue vue et d'une caméra vidéo braquée sur le nid, des images sont retransmises dans une tente située dans le square. En 1999, on a relevé leur présence sur 53 sites. On les trouve essentiellement sur l'Arc de triomphe, sur la tour Eiffel, aux Invalides, au Sacré-Cœur, sur la tour Saint-Jacques, à Saint-Sulpice et Saint-Ambroise, mais aussi dans des hôpitaux parisiens et les tours d'immeubles de grande hauteur.

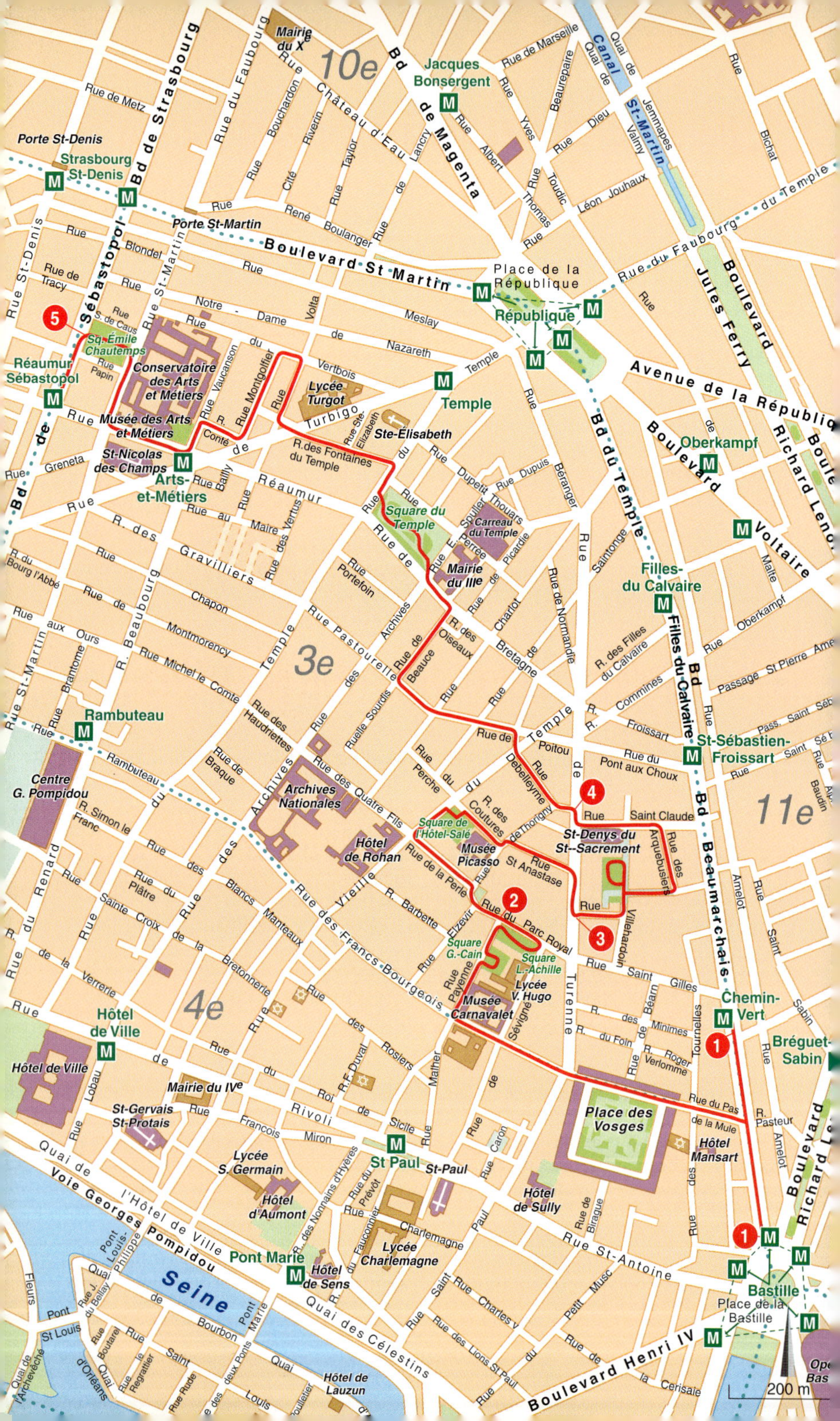

10e
3e
4e
11e
Mairie du X
Jacques Bonsergent
Canal St-Martin
Porte St-Denis
Strasbourg St-Denis
Bd de Strasbourg
Bd de Magenta
Porte St-Martin
Boulevard St Martin
Place de la République
République
Boulevard Jules Ferry
Avenue de la République
Boulevard Richard Lenoir
Boulevard Voltaire
Sq. Émile Chautemps
Réaumur Sébastopol
Bd de Sébastopol
Conservatoire des Arts et Métiers
Musée des Arts et Métiers
St-Nicolas des Champs
Arts-et-Métiers
Lycée Turgot
Temple
Ste-Élisabeth
Oberkampf
Square du Temple
Carreau du Temple
Mairie du IIIe
Bd du Temple
Filles-du Calvaire
Bd Filles du Calvaire
Rambuteau
Centre G. Pompidou
Archives Nationales
Hôtel de Rohan
Square de l'Hôtel-Salé
Musée Picasso
St-Denys du St-Sacrement
St-Sébastien-Froissart
Bd Beaumarchais
Square G.-Cain
Square L.-Achille
Lycée V. Hugo
Musée Carnavalet
Chemin-Vert
Bréguet-Sabin
Place des Vosges
Hôtel Mansart
Hôtel de Ville
Mairie du IVe
St-Gervais St-Protais
Lycée S. Germain
Hôtel d'Aumont
St Paul
St-Paul
Hôtel de Sully
Pont Marie
Hôtel de Sens
Lycée Charlemagne
Rue St-Antoine
Bastille
Place de la Bastille
Voie Georges Pompidou
Seine
Quai des Célestins
Boulevard Henri IV
Hôtel de Lauzun
Rue de Rivoli
Rue des Francs Bourgeois
Rue du Parc Royal
Rue de Turbigo
Rue Réaumur
Rue de Bretagne
Rue Vieille du Temple
Rue de Turenne
200 m

Le Marais

Fiche pratique **18**

2 h
3,5 Km

Situation

4e-3e arrondissements

M métro de départ : Bastille (lignes 1, 5, 8), Chemin-Vert (ligne 8)

métro d'arrivée : Réaumur-Sébastopol (lignes 3, 4)

Le Marais est sûrement le quartier de Paris le plus marqué par l'empreinte de l'aristocratie parisienne. Très bien réhabilité, il vous permettra de découvrir ses anciens hôtels particuliers, le charme de ses rues chargées d'histoire et le secret de ses multiples petits jardins.

❶ Sortir du métro Bastille ou Chemin-Vert, prendre le boulevard Beaumarchais, puis la rue du Pas-de-la-Mule qui mène place des Vosges *(voir page 111)* ; continuer tout droit par la rue des Francs-Bourgeois, qui est la limite entre les 4e et 3e arrondissements.
Longer l'hôtel Carnavalet (musée d'histoire de la France, notamment de la Révolution et de Paris) jusqu'à l'échauguette de l'hôtel de Lamoignon (Bibliothèque historique de la Ville de Paris). Tourner à droite dans la rue Payenne bordée d'hôtels (face arrière du musée Cognacq-Jay, hôtel de Marles (Institut culturel suédois, hôtel de Chatillon).
Parcourir le **square Georges-Cain** (1931). Il abrite des vestiges déposés par le musée Carnavalet et est orné de statues qui faisaient partie de l'Hôtel de Ville brûlé par les Communards.
Le **square Léopold-Achille** (1913) borde l'hôtel Le Pelletier-de-Saint-Fargeau, où se trouve une partie du musée Carnavalet.

❷ Les rues du Parc-Royal à gauche puis de la Perle mènent à la rue Vieille-du-Temple ; la prendre à droite.

Square Georges-Cain. *Photo C.M.*

À voir

Parcs et jardins

■ square Louis XIII (place des Vosges) ■ square Georges-Cain
■ square Léopold-Achille
■ square du Temple
■ square Emile-Chautemps

Autres sites

■ hôtels du Marais : Sully, Rohan, Soubise, Guénégaud, Beauvais...
■ maison de Victor-Hugo
■ musée et hôtel Carnavalet
■ musée Picasso (hôtel Salé)
■ musée de la Chasse et de la Nature ■ musée des Arts et Métiers (CNAM) ■ musée d'Art juif ■ mémorial du Martyr juif ■ maison européenne de la Photographie ■ Archives nationales ■ Bibliothèque historique de Paris (hôtel Lamoignon) ■ Bibliothèque Forney (hôtel de Sens)
■ église Saint-Paul Saint-Louis ■ église Saint-Gervais Saint-Protais

Square Louis XIII.
Photo DPJEV.

Traverser le **jardin de l'hôtel Salé** (musée Picasso) et longer celui-ci en ressortant sur la rue des Coutures Saint-Gervais. La rue Sainte-Anastase, un peu à gauche par la rue de Thorigny, mène à la rue de Turenne. Descendre à droite la rue de Turenne en passant devant l'hôtel du Grand-Veneur.

❸ Tourner à gauche dans la rue Villehardouin et pénétrer sous les immeubles à gauche, par la rue de Hesse. Ressortir par la rue du Grand-Veneur et revenir à la rue de Turenne par les rues des Arquebusiers et Saint-Claude. Eglise Saint-Denys-du-Saint-Sacrement (Pieta de Delacroix).

❹ Prendre les rues Debelleyme en face et à droite (hôtel à l'angle de la rue Vieille-du-Temple), de Poitou à gauche, Pastourelle, de Beauce à droite et de Bretagne à gauche (noms des provinces de France). Traverser le square du Temple *(voir page 111)*, face à la mairie du 3e arrondissement.

Les rues du Temple, des Fontaines-du-Temple, Borda,Volta, du Vertbois, Montgolfier, Conté et Vaucanson mènent au Conservatoire national des arts et métiers (CNAM), établi dans l'ancien prieuré de Saint-Martin-des-Champs. Heureusement, l'église Saint-Martin a survécu ; son chevet est un des rares exemples d'art roman à Paris.

De la rue Réaumur, remonter la rue Saint-Martin à droite en passant devant les façades du CNAM (musée des Arts et des Techniques : fardier de Cugnot, avion de Blériot...).

Traverser le **square Emile-Chautemps** (1858).

C'est un jardin typiquement à la française qui respecte une symétrie caractérisée par des allées régulières de marronniers et deux bassins. Il nous présente des sculptures en bronze de Davioud, qui réalisa de nombreuses statues dans les jardins de Paris. Cet architecte de formation a marqué l'époque haussmannienne par son style éclectique : il construisit aussi le théâtre du Châtelet et la fontaine Saint-Michel.

Square Emile-Chautemps.
Photo C.M.

❺ Déboucher sur le boulevard de Sébastopol où l'on trouve le métro Réaumur-Sébastopol vers la gauche.

La place des Vosges et le square Louis XIII

La Maison Royale des Tournelles était occupée par les rois de France depuis 1432. On y comptait au moins deux parcs, six jardins, des bois, des prés, des chapelles, un labyrinthe… Catherine de Médicis la fit raser à la mort de son époux, le roi Henri II, transpercé par une lance au cours d'une joute organisée en face du palais. Il fut remplacé par un marché aux chevaux, puis un champ de manœuvre. En 1605, le lieu prit le nom de place Royale; c'est Henri IV qui conçut cet ensemble de pavillons en brique, pierre et tuiles (exceptionnellement conservé!) et Louis XIII (statue du roi à cheval au milieu du square) qui l'inaugura pour le mariage de sa sœur Elisabeth avec l'infant d'Espagne. Sous Bonaparte, elle fut appelée « place des Vosges » pour honorer le 1er département à payer sa contribution!

De l'enclos au square du Temple

Depuis 1240, l'enclos du Temple s'élevait à l'emplacement actuel du square. C'était une véritable ville fortifiée de 130 hectares. Les chevaliers de l'ordre des Templiers qui occupaient les lieux étaient à la fois des militaires et des religieux, dont la vocation était de protéger les pèlerins de Terre sainte. Vêtus d'un long vêtement blanc brodé d'une croix rouge, leur richesse était telle qu'ils furent les trésoriers des rois de France et du pape. Ils étaient redoutés pour les performances de leur service de renseignements. Mais cette puissance contribua à leur perte. Les jalousies poussèrent certains à les accuser d'hérétisme, ce qui aboutit à de sanglantes répressions à partir de 1312. De nombreux Templiers et leur grand maître, Jacques de Molay, furent brûlés dans l'île de la Cité en 1314. L'enclos du Temple passa alors entre les mains de l'Ordre de Malte.

En 1667, le tracé des murailles fut modifié et un palais, dont l'entrée se situait à l'entrée de l'actuel square du Temple, fut érigé. Le palais du Grand-Prieur était d'une somptuosité légendaire; les miroirs virent se refléter les silhouettes de Jean-Jacques Rousseau et de Mozart qui vinrent animer les folles réceptions qui y étaient données. La forteresse devint Bien national à la Révolution et fut transformée en prison, la célèbre prison du Temple, qui abrita la famille royale et fut la dernière demeure de Louis XVI et de Louis XVII. Le donjon qui les avait hébergés fut détruit par Napoléon Ier en 1809. Le palais du Grand Prieur, qui avait servi de couvent puis de caserne jusqu'en 1853, fut détruit pour laisser la place au jardin actuel, douze ans plus tard.

Le **square du Temple** est planté d'arbres exotiques : frêne pleureur, cognassier de Chine aux grandes feuilles rugueuses. Le jardin abrite la statue souriante du chansonnier Béranger. Il est orné d'une pièce d'eau, d'une cascade et de rochers : des éléments qui révèlent le style de son créateur, l'ingénieur Alphand.

9e
10e
2e
1er
3e
5e
Boulevard Haussmann
Boulevard des Italiens
Bd Montmartre
Bd Poissonnière
Bd de Bonne Nouvelle
Rue La Fayette
Rue de Provence
Rue Richer
Rue des Petites Écuries
Rue Sainte Cécile
Rue Bergère
Cité Bergère
Rue d'Enghien
Rue de l'Échiquier
Rue d'Hauteville
Rue du Fg Poissonnière
Rue du Conservatoire
Rue du Faubourg Montmartre
Musée Grévin
Richelieu Drouot
Grands Boulevards
Bonne Nouvelle
Rue Drouot
Rue Rossini
Rue Chauchat
Rue Le Peletier
Rue Laffitte
Rue Pillet-Will
Rue de la Chaussée d'Antin
Rue du Helder
Rue des Italiens
Opéra Comique
Pl Boïeldieu
Rue Saint Marc
Rue Feydeau
Rue d'Uzès
Rue Saint Fiacre
Rue du Sentier
Rue de Cléry
Rue des Jeûneurs
Quatre-Septembre
Rue du Quatre Septembre
Rue Saint Augustin
Bourse
Rue Vivienne
Rue des Victoires
Rue du Croissant
Rue Saint Joseph
Rue d'Aboukir
Rue Sainte Foy
Rue St-Denis
Sentier
Rue du Caire
Rue Réaumur
Rue Léopold Bellan
Rue Bachaumont
Rue Mandar
Rue Saint Sauveur
Rue Montorgueil
Rue Beaurepaire
Rue Marie Stuart
Rue Tiquetonne
Rue Étienne Marcel
Étienne Marcel
Boulevard de Sébastopol
Square Louvois
Bibliothèque Nationale
Rue Colbert
Rue de Louvois
Rue Rameau
Rue Chérubini
Rue Sainte Anne
Passage Choiseul
Rue Monsigny
Rue Gaillon
Rue Michodière
Rue de Choiseul
Rue de Gramont
Rue de Richelieu
Rue des Petits Champs
Rue de la Banque
Rue Notre-Dame des Victoires
Rue Paul Lelong
Rue du Mail
Rue Montmartre
Rue d'Argout
Pl des Victoires
Rue de Beaujolais
Rue La Vrillière
Rue de Valois
Banque de France
Rue Croix des Petits Champs
Rue Hérold
R. du Coq Héron
Poste du Louvre
Rue J.-J. Rousseau
Rue du Jour
St-Eustache
Pl. R.-Cassin
Jardin des Halles
Les Halles
Forum des Halles
Bourse de Commerce
Rue Rambuteau
Rue de la Grande Truanderie
St-Leu-St-Gilles
Rue du Cygne
Rue des Prêcheurs
R. de la Cossonnerie
Rue Berger
Rue Quincampoix
Rue St-Martin
Centre G. Pompidou
R. Aubry le Boucher
R. de la Reynie
Rue des Lombards
Rue du Cloître Saint Merri
St-Merri
Pyramides
Avenue de l'Opéra
Rue Thérèse
Rue Molière
Rue des Pyramides
Rue de Ventadour
Rue de Montpensier
Palais Royal
Pl du Palais-Royal
Rue Saint Honoré
Rue des Bons Enfants
Rue Montesquieu
Rue du Colonel Driant
Rue du Bouloi
Rue du Louvre
Rue A. Julien
R. du Pélican
Rue de Marengo
R. de l'Oratoire
Rue Sauval
Louvre Rivoli
Rue de l'Arbre Sec
Rue du Pont Neuf
Rue du Roule
Rue des Bourdonnais
Rue de Rivoli
Place Ste-Opportune
Châtelet
R. Pernelle
Rue Saint Bon
Square de la Tour St-Jacques
Avenue Victoria
Rue de la Coutellerie
Place du Carrousel
Musée du Louvre
Mairie du 1er arrond.
Rue de l'Amiral de Coligny
St-Germain-l'Auxerrois
Pont-Neuf
Quai du Louvre
Quai de la Mégisserie
Voie G. Pompidou
Pl du Châtelet
Quai de Gesvres
Quai de l'Hôtel de Ville
Hôtel de Ville
Seine
Square du Vert Galant
Pont des Arts
Pont Neuf
Pont au Change
Pont Notre-Dame
Pont d'Arcole
École des Beaux Arts
Institut de France
Quai de Conti
Hôtel de la Monnaie
Rue Guénégaud
Rue Bonaparte
Rue des Beaux-Arts
Rue Visconti
Rue Jacob
Rue Mazarine
Rue de Seine
Rue Dauphine
Quai des Grands Augustins
Place St-Germain-des-Prés
St-Germain-des-Prés
Place Dauphine
Quai de l'Horloge
Conciergerie
Palais de Justice
Sainte Chapelle
Quai des Orfèvres
Bd du Palais
Quai du Marché Neuf
Préfecture de Police
Marché aux Fleurs
Cité
Rue de la Cité
Rue de la Corse
Hôtel-Dieu
Rue d'Arcole
Place du Parvis Notre-Dame
Quai aux Fleurs
St Michel
200 m
1
2
3
4
5
6
7

Des Halles au Palais-Royal

Fiche pratique **19**

2 h
3,5 Km

Une plongée au cœur de Paris ! En se reposant dans la verdure des squares et des jardins, cette promenade vous conduira de la place du Châtelet « à l'ex-ventre de Paris » : les Halles, pour aboutir au Palais-Royal, qui porte bien son nom…

❶ Sortir du métro.
La place du Châtelet occupe l'emplacement du Grand Châtelet, sombre forteresse qui protégeait l'accès Nord de l'île de la Cité. Elle est bordée par la rue Saint-Denis et le boulevard de Sébastopol d'une part, par la Seine et l'avenue Victoria d'autre part. Trois bâtiments en marquent le pourtour : deux théâtres (à l'Ouest le Châtelet et à l'Est le théâtre de la Ville) et la maison des Notaires au Nord. Vers le Sud, le Pont-au-Change donne accès à la Cité. Au centre de la place, la fontaine du Palmier, en style égyptien, commémore les victoires du Directoire et du Consulat.
Se diriger vers le **square de la tour Saint-Jacques** *(voir page 116)*.
Traverser le square en diagonale, franchir la rue de Rivoli et remonter la rue Saint-Martin, qui est la traversée historique Nord-Sud de Paris sur la rive droite.
Passer devant l'église Saint-Merri, de style flamboyant, et tourner immédiatement à droite dans la rue du Cloître-Saint-Merri, en regardant le flanc Nord de l'église.
Traverser à gauche la place Igor Stravinsky, ornée d'un bassin dynamisé par les sculptures animées de Niki de Saint-Phalle et de Tinguely.

❷ Tourner à gauche vers la place Edmond-Michelet et le parvis du centre Georges-Pompidou (Rogers et Piano, 1977). Ne pas manquer l'immeuble peint en trompe-l'œil sur toute sa hauteur, à l'angle des rues Aubry-le-Boucher et Quincampoix.
Prendre la rue Quincampoix à gauche et tourner aussitôt à droite dans la rue de La Reynie. Admirer le portail de l'immeuble du bureau des Lingères *(remonté à cet endroit)* puis, après le boulevard de Sébastopol, la maison ornée de têtes de chats (ancienne chocolaterie). On passe du 4e au 1er arrondissement.
Laisser la rue de la Ferronnerie (où fut assassiné Henri IV), traverser la place Joachim-du-Bellay, ornée de la magnifique fontaine des Innocents avec ses Nymphes, sculptées par Jean Goujon.

❸ Aborder à l'opposé le Forum des Halles et monter sur

Situation
1er-2e-4e arrondissements

M ReR métro et RER de départ : Châtelet (RER A, B, D et lignes 1, 4, 7, 11, 14)

métro d'arrivée : Quatre-Septembre (ligne 3)

À voir

Parcs et jardins

■ square de la tour Saint-Jacques ■ jardin des Halles
■ jardin du Palais-Royal
■ square Louvois

Autres sites

■ place du Châtelet
■ fontaine des Innocents
■ Bourse de commerce
■ tour Jean-sans-peur
■ galerie Véro-Dodat
■ église Saint-Eustache
■ église Saint-Merri
■ Centre national d'art et de culture et BPI (centre Georges Pompidou)
■ Forum des Halles
■ place Colette : Comédie française
■ place du Palais-Royal : Conseil d'Etat, musée du Louvre, musée des Arts décoratifs…
■ Bibliothèque nationale
■ galerie Colbert

la terrasse qui domine le patio du forum, tourner à gauche sur la terrasse Lautréamont, en longeant les Parapluies de Willerval. Redescendre au niveau du pavillon des Arts (lieu d'exposition) et pénétrer dans le **jardin des Halles** *(voir page 117)*.
Dans le jardin des Halles, suivre les allées qui honorent la mémoire des poètes Federico Garcia-Lorca, André-Breton, Blaise-Cendrars et Jules-Supervielle pour arriver à la place René-Cassin, ornée d'une énorme Tête d'homme et d'un cadran solaire. Franchir la passerelle qui surplombe les serres, puis prendre l'allée Louis-Aragon. Cet itinéraire permet de découvrir le jardin et ses ornements et surtout son décor architectural : l'église Saint-Eustache (transition entre le gothique et la Renaissance) et la Bourse de commerce avec la colonne de Ruggieri où celui-ci, astrologue de Catherine de Médicis, effectuait des expériences.
Tourner autour de la Bourse de commerce par la rue de Viarmes, dont les immeubles à colonnes sont disposés en deux demi-cercles.

❹ Franchir la rue du Louvre et la descendre sur quelques mètres ; dans des pans de murs en ruine, le vestige d'une tour de l'enceinte de Philippe Auguste. Revenir jusqu'à la place des Deux-Ecus, prendre la rue Jean-Jacques-Rousseau à gauche jusqu'à la galerie Véro-Dodat *(si elle est fermée, la rue du Pélican)*.
Traverser la rue Croix-des-Petits-Champs et prendre en face la rue Montesquieu, qui mène par une série de porches et par la place de Valois au Palais-Royal. Tout près, la Comédie française (fondée par Louis XIV en 1680) et la fontaine Molière de Visconti.

❺ Traverser la cour (Conseil d'Etat et ministère de la Culture), ornée des colonnes de Buren ; tourner à droite entre les fontaines composées de sphères métalliques et déboucher dans le calme **jardin du Palais-Royal** *(voir page 117)*.
Remonter le jardin vers le Nord et, à l'extrémité gauche de la galerie de Beaujolais, longer le restaurant renommé « le (grand) Véfour » où les places des convives célèbres sont marquées d'une plaque de cuivre, gagner par le passage dit du péristyle de Joinville la rue de Beaujolais. Quitter cette dernière à gauche pour la rue Vivienne.

❻ Au n° 6, entrer à droite dans la galerie Vivienne, pour la quitter aussitôt à droite pour la galerie Colbert (fermée pour travaux), qui revient rue des Petits-Champs. Prendre cette dernière à droite. Après la rue Vivienne,

Vue sur Saint-Eustache du jardin des Halles. *Photo DPJEV.*

découvrir le bel hôtel Tubœuf : propriété de Mazarin (1649), puis siège de la Compagnie des Indes (1719-1769), il est actuellement occupé par le Cabinet des cartes, plans et estampes.

Arriver rue de Richelieu, la remonter à droite en longeant la Bibliothèque nationale jusqu'au **square Louvois**.

Situé face à l'entrée de la Bibliothèque nationale, il est orné d'une fontaine due à l'architecte Visconti qui représente quatre fleuves : Seine, Loire, Saône, Garonne.

Le square occupe l'emplacement de l'opéra de Paris qui rayonna de 1794 à 1820 et fut détruit à la suite de l'assassinat du duc de Berry.

7 Traverser le square, prendre la rue Rameau, puis, un peu à gauche dans la rue Sainte-Anne, la galerie Sainte-Anne qui débouche dans la galerie Choiseul, très animée ; prendre en face la rue de Choiseul qui conduit face à l'ancien siège du Crédit Lyonnais *(métro Quatre-Septembre)*.

Un carrefour, le Châtelet

La place du Châtelet est le carrefour des grands axes parisiens. L'axe Nord-Sud de la rue Saint-Martin (rue Saint-Jacques rive gauche) était l'ancienne voie romaine vers Senlis et les Flandres au Nord, vers Orléans et Lyon au Sud; cet axe fut doublé par trois boulevards haussmanniens : Sébastopol, du Palais (île de la Cité) et Saint-Michel (rive gauche). Vers l'Ouest, la rue de Rivoli a remplacé l'itinéraire rue de la Ferronnerie - rue Saint-Honoré, qui menait vers Saint-Germain-en-Laye et Rouen. Vers l'Est, la rue Saint-Antoine partait de l'Hôtel-de-Ville, menait à Vincennes puis à Meaux, se dirigeant vers la Lorraine.

Le square de la tour Saint-Jacques

Reconnaissable à sa célèbre tour, ce jardin est issu des grands travaux du baron Haussmann, en 1856. La tour faisait partie de l'église Saint-Jacques-de-la-Boucherie, qui devait son nom à la proximité de nombreux étalages de bouchers. L'église était une étape pour les pèlerins qui se rendaient à Saint-Jacques-de-Compostelle. D'un magnifique style gothique flamboyant, la tour Saint-Jacques abrite sous son piédestal la statue du savant et philosophe Pascal, qui y fit des expériences de physique. Au sommet, une petite station météorologique enregistre depuis 1885 des données qui sont utilisées par l'observatoire de Montsouris. Entièrement rénové en 1997, le jardin a retrouvé ses grilles d'origine, peintes en bleu, et son charme d'antan. Vous y verrez certainement un groupe de pigeons, dont il existe trois espèces différentes : le pigeon ramier, le plus grand et le plus élancé, le pigeon colombin, le plus petit et le plus farouche, au plumage gris-bleuté et à l'iris noir, et non rouge comme le pigeon biset de ville. Ce dernier est le plus courant de tous et se laisse facilement approcher par l'homme.

Tour Saint-Jacques. *Photo C.M.*

Du ventre de Paris au jardin des Halles

Le roi Louis VI le Gros avait déjà choisi ce lieu, en 1135, pour y établir les halles d'approvisionnement de Paris. Philippe Auguste perpétua la tradition en édifiant les premiers marchés couverts.

Douze magnifiques pavillons furent construits par l'architecte Victor Baltard, à la demande de Napoléon III, qui voulait assainir le ventre de Paris en édifiant des bâtiments dans l'esprit de celui de la gare de l'Est. Ce type nouveau de construction (qui utilisait des vitres à la place des murs et laissait les structures métalliques apparentes), rencontra pourtant l'unanimité ; Emile Zola qualifia les halles de « Babylone de métal ».

Bourse de Commerce. *Photo C.M.*

L'urbanisation de Paris au 20e siècle eut raison des pavillons de Baltard. Ils ont été vendus à la foire à la ferraille de Chatou en 1972 et seul un pavillon subsiste en France, à Nogent-sur-Marne. Les travaux, qui laissèrent un impressionnant cratère pendant quinze ans, valurent au lieu le surnom de « trou des Halles ».

Allée André-Breton. *Photo C.M.*

D'une superficie de 5 hectares, le jardin des Halles a été achevé en 1988. Il est orné de onze fontaines, de sculptures végétales, d'un mail de tilleuls et de marronniers, de nombreux bassins, de très beaux massifs de terre de bruyère et d'un joli jardin de fleurs en gradins autour de la serre tropicale de 450 m2. Avec une curiosité : le jardin des Enfants réalisé par l'architecte Claude Lalanne, dont une des entrées se trouve rue Rambuteau. Il entraîne les enfants dans un univers fantastique : monde sonore, mou, volcanique, antique…

Jardin du Palais-Royal

Le Palais Royal fut celui du cardinal de Richelieu ; il y mourut en 1642 et le parc avait été créé pour lui par le jardinier du roi Desgots. Louis XIV y vécut enfant et le céda à son frère qui l'agrandit. Puis, le régent Philippe d'Orléans y installa des théâtres, entourant le jardin de galeries avec une idée, nouvelle à l'époque : construire et mettre en location 60 immeubles tout autour. En 1784, lors de son achèvement, le graveur-héraldiste Guillaume y installa sa boutique et le Grand Véfour y ouvrit son restaurant. Le Palais-Royal étant devenu un lieu de débauche (salles de jeux et dames galantes), où la police ne pouvait même pas intervenir, le roi Louis-Philippe le reprit pour chasser cette compagnie frivole. D'ailleurs, depuis 1875, il abrite le Conseil d'Etat. Des écrivains célèbres comme Colette et Cocteau y vécurent.

Photo C.M.

Mairie du XIXe
Place Armand Carrel
Parc des Buttes-Chaumont
Buttes-Chaumont
Botzaris
Danube
Place de Rhin-et-Danube
St-François-d'Assise
Square de la Butte-du-Chapeau-Rouge
Pré-St-Gervais
Place des Fêtes
Square M.-Maillet
Télégraphe
Jardin du Regard-de-la-Lanterne
St Jean-Baptiste
Jourdain
Pyrénées
19e
20e
11e
Jardin Bisson-Palikao
Jardin des Couronnes
Parc de Belleville
Square du Nouveau-Belleville
N.D.-de-la-Croix
Ménilmontant
Square E. Borey
Square de Ménilmontant
Cimetière de Belleville
Place du Guignier
Cité Leroy
Place H. Matisse
Place M. Nadaud
Gambetta
Mairie du XXe
Lycée Voltaire
Cimetière du Père-Lachaise
Avenue Gambetta
Avenue de la République
Bd de Belleville
Bd de Ménilmontant
Rue de Belleville
Rue des Pyrénées
Rue de Ménilmontant
Rue Botzaris
Rue de Crimée
Rue Manin
Bd d'Algérie
Boulevard Sérurier
Av. de la Porte Brunet
Rue de la Mouzaïa
Rue des Envierges
Rue du Transvaal
Rue Piat
Rue des Cascades
Rue de la Mare
Rue Levert
Rue Compans
Rue Janssen
Rue de Romainville
Rue du Télégraphe
Rue Pelleport
Rue Belgrand
Rue Oberkampf
200 m
1
2
3
4
5
6
7

De Belleville à Ménilmontant

Fiche pratique **20**

2 h 30 • 5 Km

129 m / 54 m

Sur les hauteurs du Nord-Est parisien, cette promenade « en altitude » vous fera partir du pied de la butte du Chapeau-Rouge (85 m), monter jusqu'au point culminant (129 m au cimetière de Belleville) et, par le parc, redescendre à Ménilmontant (54 m).

❶ Au sortir du métro Pré-Saint-Gervais, prendre le boulevard Sérurier et descendre aussitôt à droite la rue Alphonse-Aulard. Arriver sur le boulevard d'Algérie, tourner à gauche ; à 50 m, pénétrer dans le **square de la Butte-du-Chapeau-Rouge** *(voir page 122)*. D'une superficie de 4,7 hectares, il surplombe le boulevard d'Algérie. En forte pente, il descend vers le Nord-Est.

Monter jusqu'à une première plate-forme, en redescendre, passer au pied de l'axe central marqué par une statue de femme, et remonter par une vaste diagonale jusqu'à la plate-forme supérieure. La vue est saisissante sur la banlieue Nord-Est jusqu'à l'aéroport de Roissy (18 km).

Sortir par l'avenue Debidour, couper le boulevard Sérurier et monter l'escalier de la rue des Lilas. Couper la rue de Mouzaïa, poursuivre rue des Lilas, tourner à gauche rue Janssen puis à droite rue de l'Inspecteur-Allès, jusqu'à la rue des Bois. En face légèrement à gauche, prendre les rues Paul-de-Kock et Emile-Desvaux, bordées de pavillons, puis la rue de Romainville à droite.

Square Edouard-Vaillant. *Photo DPJEV.*

Situation

19e-20e arrondissements

M métro de départ : Pré-Saint-Gervais (ligne 7 bis)

métro d'arrivée : Ménilmontant (ligne 2)

À voir

Parcs et jardins

- square de la Butte-du-Chapeau-Rouge
- jardin du Regard-de-la-Lanterne
- square Monseigneur-Maillet
- square E. Borey
- cimetière de Belleville
- parc de Belleville ; vues sur Paris et sur la plaine du Pré-Saint-Gervais
- cimetière de Charonne
- square de Ménilmontant

Autres sites

- passerelle de la rue de la Mare
- église Saint-Jean-Baptiste-de-Belleville
- place de Ménilmontant
- place des Fêtes

Parc de Belleville.
Photo C.M.

❷ Couper la rue de Belleville *(métro Télégraphe)* et poursuivre par la rue du Télégraphe (petit square à l'angle). Passer devant le **cimetière de Belleville** *(voir page 123)*.
Passer devant les deux châteaux d'eau, descendre en oblique la rue Devéria puis, après la rue Pelleport, la rue Taclet. Emprunter la villa Georgina, prendre à droite la rue de la Duée, puis à gauche la rue des Pavillons qui rejoint la rue Pixérécourt et son square. Recouper la rue de Belleville et remonter la rue Compans jusqu'au **jardin du Regard-de-la-Lanterne**, qui doit son nom à un regard : cette petite construction permettait au 19e siècle d'accéder à l'aqueduc souterrain du Pré-Saint-Gervais.

❸ Prendre la rue Augustin-Thierry à gauche et longer la place des Fêtes *(métro)*. A proximité, le **square Monseigneur-Maillet**, un jardin en pente, honore le fondateur des Petits chanteurs à la croix de bois. Descendre la rue du Pré-Saint-Gervais et retraverser la rue de Belleville pour prendre la rue Levert à droite, au début de la rue Olivier-Métra.

Place des Fêtes.
Photo C.M.

❹ Au carrefour de la rue des Rigoles, faire le tour de la place par la droite, pour remarquer, de l'extrémité de la rue du Jourdain, bordée d'arbres, l'église Saint-Jean-Baptiste-de-Belleville et ses deux flèches néogothiques.
Achever le tour de la place et descendre l'escalier de la rue Levert qui mène au carrefour Couronnes-Mare-Cascades. Poursuivre en face par la rue des Envierges (voir la villa Faucheur : ancien repaire d'anarchistes) et

déboucher sur la terrasse supérieure du **parc de Belleville** *(voir page 123)*.

❺ Le jardin se prolonge vers le bas par le **jardin Bisson-Palikao** et vers l'Est par celui des Couronnes.
Descendre par l'axe central, traverser le petit jardin de Palikao qui prolonge au Sud le parc de Belleville et remonter en utilisant les allées transversales pour rejoindre le **jardin des Couronnes**.
Sortir sur la rue Henri-Chevreau ; de celle-ci, prendre la rue de la Mare à droite.
Comme à Montmartre, le nom des rues évoque le ruissellement de l'eau sur ces collines : la Mare, les Rigoles, les Cascades...

❻ La rue de la Mare traverse le chemin de fer de Petite Ceinture par une passerelle piétonne dans un des quartiers les plus pittoresques et les plus insolites de Paris. La voie ferrée, abandonnée, est située à cet endroit entre 2 tunnels, et la passerelle avoisine l'emplacement de la gare disparue de Ménilmontant. La vue du chevet de Notre-Dame-de-la-Croix, également en style néogothique, mais ne possédant qu'une seule flèche, ajoute à l'étrangeté du lieu.
Longer cette église par la rue d'Eupatoria et gagner par les rues du Liban et des Maronites le boulevard de Belleville et à gauche le métro Ménilmontant. ❼

Square de la Butte-du-Chapeau-Rouge. *Photo C.M.*

La Butte-du-Chapeau-Rouge

Ancienne carrière de plâtre au 19e siècle, la butte devait être rasée avec les fortifications de Thiers, au lendemain de la Première Guerre mondiale. L'architecture du jardin de style néoclassique, constituée d'escaliers, de mails, d'abris et de fontaines, est typique des années 30. On y admire de nombreux arbres remarquables dont un ginkgo biloba, surnommé « arbre aux quarante écus » car la première personne à en avoir fait l'acquisition l'acheta pour ce prix. C'est un arbre préhistorique originaire d'Extrême-Orient, aux feuilles en forme d'éventail et aux amandes comestibles. Au centre du jardin, sur une vaste pelouse bordée de superbes massifs de fleurs, poussent de beaux tulipiers et des oliviers de Bohême au feuillage gris.

Square de la Butte-du-Chapeau-Rouge. *Photo C.M.*

Guinguettes et vignes

Parc de Belleville. *Photo C.M.*

Domaine royal sous les Mérovingiens, Belleville abrita à partir du 14e siècle des tavernes, dont la guinguette « Au Tambour Royal » du célèbre Ramponeau. On y buvait le vin venant des vignes de la colline de Belleville. Au 18e siècle, sur ces terrains essentiellement agricoles, le paysage était ponctué d'une multitude de petits moulins à vent. Les maisons, qui étaient à l'époque situées de part et d'autre des deux escaliers du parc actuel, donnaient à la colline des airs de Montmartre. Des carrières de gypse furent ouvertes au 18e siècle, mais le quartier devint rapidement insalubre, ce qui ne fit qu'empirer à la fermeture des carrières. Au 19e siècle, les masures disparurent. Elles cédèrent la place à des habitations plus modernes, poussant les populations ouvrières à la périphérie de Paris.

Le parc de Belleville

Vue du parc de Belleville. *Photo DPJEV.*

Ce parc de 4,5 hectares, inauguré en 1988, est une des plus belles réalisations contemporaines de la Ville de Paris, dans un quartier qui manquait particulièrement d'espaces verts. On s'y promène sous les cytises, en contemplant la beauté des massifs de plantes alpines, grimpantes ou tapissantes. A la saison des vendanges, on assiste à celle du pinot meunier chardonnay, un des plants de vigne cultivés actuellement à Paris. Ce parc offre la plus grande fontaine en cascade de Paris. Si les rochers et les grottes ont subi quelques outrages du temps, de la terrasse on admire la magnifique vue sur Paris ; de Saint-Ambroise à l'Est à la Trinité à l'Ouest, on découvre tous les monuments du centre de Paris.

Les enfants peuvent jouer dans le village en bois, mais aussi s'initier à l'environnement grâce à la **Maison de l'Air**, où ils apprendront à juger de la qualité de l'air et à lutter contre la pollution tout en s'amusant. Parmi les nombreux oiseaux qui ont élu domicile dans le parc de Belleville, vous pourrez voir la mésange à longue queue, la fauvette à tête noire, le merle et la grive musicienne.

Télégraphe et cimetière de Belleville

Créé en 1808, ce modeste cimetière de quartier, ancien cimetière de la commune de Belleville, fut établi sur l'emplacement du parc du château de Ménilmontant. A l'entrée, une plaque indique le point le plus élevé de Paris : 128,508 mètres ! C'est pour cette raison que l'ingénieur Chappe y installa, en 1794, le premier télégraphe. Il permettait la liaison avec Lille en quelques minutes au lieu de 2 jours pour les malles-poste. Son appareil est installé au 40 rue du Télégraphe et la station suivante est installée sur le chœur de l'église Saint-Pierre-de-Montmartre.

Cimetière de Belleville. *Photo C.M.*

St-Léon
École Militaire
Av. de La Motte-Picquet
Avenue de Lowendal
Avenue de Suffren
Unesco
Rue d'Estrées
Avenue de Ségur
Avenue de Saxe
Avenue Duquesne
7e
St-François-Xavier
Rue Monsieur
Oudinot
Hôpital Laënnec
Boulevard des Invalides
Rue Eblé
Rue Duroc
Avenue de Breteuil
Place de Breteuil
Institut Valentin-Haüy
Duroc
Place Léon-Paul Fargue
Rue de Sèvres
Rue du Cherche-Midi
Boulevard du Montparnasse
Boulevard de Grenelle
Place Cambronne
Cambronne
Ségur
Sèvres-Lecourbe
Rue Frémicourt
Rue Nivert
Rue Fondary
Rue de la Croix Nivert
Rue Cambronne
Rue Miollis
Boulevard Garibaldi
Rue François Bonvin
Rue Jean Daudin
Rue Lecourbe
Rue Blomet
Lycée Buffon
Boulevard Pasteur
Hôpital Necker
Falguière
Avenue du Maine
Rue de Vaugirard
Rue Falguière
Rue A. Bourdelle
Rue A. Moisant
Pasteur
Rue Mademoiselle
Rue de l'Amiral Roussin
Square St-Lambert
Rue des Volontaires
Volontaires
Institut Pasteur
Hôpital St-Jacques
Rue du Docteur Roux
Place Raoul Dautry
Montparnasse Bienvenüe
Gare Montparnasse
Square M. Hymans
Jardin Atlantique
15e
Rue Lecourbe
Rue Blomet
Rue de Vaugirard
Rue M. Régnier
Rue de la Procession
Rue Plumet
Rue Dutot
Rue d'Arsonval
Rue de l'Armorique
Rue du Cotentin
Terrasse Modigliani
Rue du Commandant Mouchotte
Gaîté
Rue Vercingétorix
Vaugirard
Rue d'Alleray
Rue Paul Barruel
Rue des Favorites
Rue Yvart
Convention
Rue de la Convention
Rue de l'Abbé Groult
Rue Dombasle
Rue Thiboumery
Jardin d'Alleray
Place d'Alleray
Rue d'Alleray
Place Falguière
Place de Catalogne
Place de l'Amphithéâtre
Place de Séoul
Place de l'Abbé Lebeuf
Église N.-D.-du-Travail
Rue de l'Ouest
Rue Desprez
Coulée Verte
Rue Losserand
Rue du Château
Pernety
Imp. Léonie
Rue Pernety
Rue de Plaisance
Rue Didot
Rue Raymond
Rue de Gergovie
Rue Brancion
Rue de Vouillé
Rue St-Amand
Rue Labrousse
Rue Castagnary
Rue G. Pitard
Rue A. Bertillon
Place du Gal Monclar
Rue Rosenwald
Rue Santos Dumont
Villa Santos Dumont
Rue Franquet
Rue de Dantzig
Rue de Cronstadt
Rue des Morillons
Parc Georges-Brassens
Rue de Villafranca
Rue du Lieuvin
Rue Castagnary
Rue Vercingétorix
Rue de Ridder
Rue Decrès
Plaisance
Avenue d'Alésia
Rue du Moulin Vert
Théâtre Silvia Monfort
R. Fizeau
Rue M. Rouvier
Rue Losserand
Rue Pauly
Rue des Suisses
14e
Rue Raymond Losserand
Hôpital St-Joseph
Rue Pierre Larousse
Rue Jonquay
Rue Didot
Rue Jacquier
Rue de l'Abbé Carton
Rue des Plantes
Boulevard Lefebvre
R. Brancion
R. Chauvelot
R. J. Baudry
Rue Paturle
Rue des Arbustes
Hôpital Broussais
Rue des Mariniers
Rue Ledion
Villa Collet
Rue Giordano Bruno
Stade Charles Rigoulot
Av. de la Porte Brancion
Porte de Vanves
Boulevard Brune
Square de la Porte de Vanves
Avenue Marc Sangnier
Boulevard périphérique
200 m
Malakoff
Stade Didot
Av. G. Lafenestre
Av. Maurice d'Ocagne
Place de la Porte de Châtillon
Av. Jean Moulin
1
2
3
4
5
6
7

Parc Georges-Brassens, jardin Atlantique

La promenade dite Coulée verte dans la verdure du Sud-Ouest parisien est l'exemple d'un aménagement réussi malgré les difficultés. Aujourd'hui, la Coulée verte est même interdépartementale : elle se prolonge jusqu'à Massy, en profitant de la couverture gazonnée des voies du TGV Atlantique, et ira, une fois complétée, de la Porte-de-Vanves à Malakoff.

❶ Sortir du métro Porte-de-Vanves par la sortie Brune-Losserand.
Faire quelques mètres sur le boulevard Brune et tourner à gauche dans la rue de la Briqueterie, puis à droite dans le **square Alain-Fournier**, traverser le **square Auguste-Renoir** qui s'achève au-dessus de la Petite Ceinture, franchir la rue Raymond-Losserand, prendre la rue Paturle et traverser la rue Vercingétorix.
Par un souterrain dont l'entrée se situe sous la gare « Ouest-Ceinture » désaffectée, franchir les voies ferrées de la gare Montparnasse.

❷ Traverser le **square Castagnary** et prendre sur la gauche la rue du même nom. Au-delà de la rue Brancion, pénétrer vers la droite dans le **parc Georges-Brassens** *(voir page 127)*. Prendre l'allée montante la plus au Sud, passer à proximité du carré Sylvia-Monfort et suivre les courbes de l'allée, en surplomb au-dessus de la Petite Ceinture, devant le rucher et la vigne.
Arrivé à l'extrémité Ouest, descendre en zigzag, le long de gros blocs rocheux, aller pratiquement jusqu'à la rue des Morillons *(Bureau des objets trouvés)* et tourner à droite vers l'entrée principale.
Sortir et faire le tour de la cour pour admirer la porte d'entrée et les deux taureaux qui ornent le portail. Revenir à l'intérieur du parc et se diriger le long de la pièce d'eau jusqu'au beffroi ; en escalader le petit belvédère.
Repartir par l'allée située derrière la tour, passer à côté de l'originale statue de l'Ane et de la Charrette, descendre les escaliers jusqu'à la pièce d'eau et pénétrer dans le jardin étudié pour les non-voyants.
Arrivé près de l'angle Nord, remonter jusqu'à la sortie située sous les pavillons conservés le long de la rue Brancion *(foire aux livres anciens)*.

❸ Traverser la rue Brancion et prendre en face la rue Fizeau, puis aussitôt à gauche la rue de Villafranca et, au-delà de la rue des Morillons, la rue Santos-Dumont. Remarquer les petites maisons du n° 52 au n° 36 (où

Fiche pratique 21

2 h 30 • 5 Km

Situation
14e et 15e arrondissements

M métro de départ : Porte-de-Vanves (ligne 13)

métro d'arrivée : Montparnasse-Bienvenüe (lignes 4, 6, 12, 13

À voir

Parcs et jardins

- parc Georges-Brassens
- Coulée verte
- jardin Atlantique
- jardin du Moulin-de-la-Vierge
- jardin d'Alleray
- square Castagnary
- square Max-Hymans
- cimetière Vaugirard

Autres sites

- place de Catalogne
- église Notre-Dame-du-Travail
- halle Georges-Brassens
- musées Maréchal-Leclerc et Jean-Moulin
- musée de la Poste
- musée Antoine-Bourdelle
- musée et maison Pasteur
- la Ruche (ancien pavillon des Vins, Eiffel, 1900)

Colonnes de Séoul.
Photo C.M.

Brassens choisit d'habiter). Aller visiter à gauche la villa Santos-Dumont *(impasse)*, faire demi-tour et reprendre à gauche la rue Santos-Dumont. Les rues Franquet à droite, Labrouste à gauche, Charles-Weiss à droite et Castagnary à gauche mènent à la rue de Vouillé.

4 La prendre à droite, passer sous les voies ferrées de la gare Montparnasse, quittant ainsi le 15e arrondissement pour le 14e. Monter à droite sur la **Coulée verte** qui borde la rue Vercingétorix, et tourner à droite pour franchir la rue d'Alésia.
Cette coulée dans la verdure enchaîne une série de squares, du Père-Plumier, de l'Abbé-Lemire et du Cardinal-Wyszynski. Elle permet d'enjamber trois rues (Alésia, Gergovie, Alain) et de voir passer les rames du TGV Atlantique.
Arrivé au **square du Cardinal-Wyszynski**, remarquer l'église Notre-Dame-du-Travail (structure métallique). Pénétrer dans le groupe circulaire d'habitations édifié par Ricardo Bofill et traverser la place de Séoul qui en occupe le centre. Ressortir rue du Château, qui mène à gauche sur la vaste place de Catalogne ornée d'une fontaine constituée d'un vaste disque incliné sur lequel glisse l'eau.

5 Remarquer à gauche la Tour Eiffel qui se profile au-delà de la place des Cinq-Martyrs-du-Lycée-Buffon. Prendre à droite la rue Jean-Zay et après l'hôpital Léopold-Bellan, gagner par la rue Jules-Guesde (trottoir de gauche) un escalier qui mène à une passerelle enjambant les rues Jean-Zay puis Vercingétorix. Après un terrain de sports en terrasse, une nouvelle passerelle surmonte la rue du Commandant-René-Mouchotte. Un passage suivi de quelques marches, passant à travers l'immeuble Maine-Montparnasse débouche sur le **jardin Atlantique** *(voir page 127)*.

6 Traverser le jardin en ligne droite, contourner à droite par une enfilade de petits îlots de verdure, retraverser dans l'autre sens des petits bosquets. Revenir par l'allée centrale, passer sous l'Observatoire. Terminer par les deux musées consacrés au maréchal Leclerc et à Jean Moulin. A droite de ceux-ci, traverser l'immeuble et prendre l'ascenseur qui descend rue du Commandant-René-Mouchotte.
Prendre à gauche pour trouver l'accès à Montparnasse-Bienvenüe *(métro, gare, bus)*. 7

Parc Georges-Brassens. *Photo DPJEV.*

Le parc Georges-Brassens

D'une superficie de 9 hectares, le parc a été ouvert à l'emplacement des anciens abattoirs de moutons, porcs et bovins puis de chevaux à partir de 1904, de Vaugirard, démolis en 1975, dont il a conservé certains éléments architecturaux : les deux pavillons situés de part et d'autre de l'entrée du parc, le beffroi qui était le point central du marché à la criée, la halle aux chevaux qui était le lieu de vente des animaux destinés à l'abattage et les sculptures de taureaux de Auguste Cain. Aujourd'hui, des activités sont proposées autour de la vigne de pinot noir, mais aussi autour du rucher par l'Association française d'apiculture. On y découvre un potager et la roseraie vous offre le spectacle de ses 27 variétés de roses. Un jardin de senteurs avec plus de 80 spécimens, du chèvrefeuille en passant par le jasmin, et un jardin de plantes aromatiques et médicinales permettent aux non-voyants de s'initier à la botanique grâce à un étiquetage en braille.

Le jardin Atlantique

Performance d'aujourd'hui, moderne et audacieux, réalisé sur un rectangle de béton soutenu par douze piles d'arches, ce jardin coiffe les voies de la gare Montparnasse depuis 1994. Les concepteurs ont réussi la prouesse d'allier l'esthétisme aux contraintes techniques qui étaient énormes; 130 ouvertures (trémies) ont été pratiquées dans le sol, pour assurer une bonne ventilation de la gare et du parking situés en dessous. Lorsque l'épaisseur de terre n'était que de 20 cm pour les pelouses, du polystyrène a été utilisé pour les surélever. Les arbres ont été plantés dans les zones de 1,80 m d'épaisseur, ce qui représente le minimum vital pour assurer leur croissance. Ses allées sont situées entre 7 et 18 m de hauteur par rapport aux rues environnantes. L'Ouest du jardin symbolise le soleil et l'énergie tandis que l'Est évoque l'ombre et la rêverie.

La pelouse centrale est cernée par deux rangées d'arbres, originaires des pays qui s'étendent de part et d'autre de l'Atlantique. En son centre, de nombreuses petites fontaines sont situées au ras du sol, sur l'île des Hespérides qui est dédiée au ciel : on y trouve un immense thermomètre, un pluviomètre, une girouette et un anémomètre qui mesure la vitesse du vent. Tout autour, les ondulations du sol suggèrent les vagues de l'océan.

Le cimetière du Montparnasse

Une oasis de repos éternel... Un cimetière-jardin du 19e siècle avec ses arbres remarquables, ses sculptures étonnantes (couronnes de pierre, animaux, pleureuses...). C'est le grand cimetière de la rive gauche, celui des intellectuels (Sartre et Beauvoir), des éditeurs (Larousse, Hachette) et des poètes (Baudelaire). Vous y retrouverez aussi explorateurs (Dumont d'Urville), inventeurs (Citroën, Pigeon et sa lampe), scientifiques (Jussieu), musiciens (Saint-Saëns), chanteurs (Gainsbourg)...

des Invalides
Av. du Mal. Galliéni
Place des Invalides
Musée d'Orsay
Anatole France
Sainte-Clotilde
Solférino
Boulevard Saint-Germain
Rue Dominique
Rue de Grenelle
Bd de la Tour-Maubourg
Square Santiago du Chili
Latour-Maubourg
Square d'Ajaccio
Musée de l'Armée
Hôtel des Invalides
St-Louis-des-Invalides
Église du Dôme
Jardin de l'Intendant
Varenne
Boulevard des Invalides
Musée Rodin
7e
Rue du Bac
St-Thomas-d'Aquin
Boulevard Raspail
Rue de Varenne
Hôtel Matignon
Avenue de Tourville
Place Vauban
Avenue de Villars
Lycée Victor Duruy
Pagode
Caserne Babylone
Rue de Babylone
Jardin Catherine Labouré
Hôpital Laënnec
Square des Missions Étrangères
Sèvres Babylone
Square Boucicaut
Square Chaise Récamier
Rue de Sèvres
6e
St-François-Xavier
École militaire
Av. de la Motte-Picquet
Boulevard de Lowendal
Avenue de Ségur
Avenue de Breteuil
200 m

Autour des Invalides

Fiche pratique 22

2 h • 5 Km

Une promenade sereine de jardin en jardin, dans le calme d'un quartier ponctué d'hôtels particuliers, édifiés lorsque le faubourg Saint-Germain détrôna le Marais, de ministères, d'ambassades, de couvents, de musées… Une découverte à faire autour de perspectives classiques et de l'ordonnancement de l'esplanade des Invalides.

❶ Sortir du métro Saint-François-Xavier place André-Tardieu.
Longer l'église Saint-François-Xavier par le **jardin de la place du Président-Mithouard** à droite. Tourner à droite dans l'avenue de Breteuil et remonter cette large artère composée d'un terre-plein central gazonné et de 2 voies latérales bordées d'arbres, seule de ce type à Paris. La perspective sur le dôme des Invalides est impressionnante.

❷ Place Vauban, entrer dans la cour d'honneur et visiter à gauche le **jardin de l'Intendant**.
Il a été aménagé et restauré en 1980 d'après le projet d'origine datant de Louis XV. La somptueuse broderie des parterres à la française complète l'architecture de l'hôtel et de son église.

Ressortir sur l'avenue de Tourville et remonter à droite le boulevard de La Tour-Maubourg jusqu'à l'avenue de La Motte-Picquet, prise à droite.
L'extrémité de l'avenue devient la place Santiago-du-Chili *(métro La Tour-Maubourg).*

❸ L'espace vert de droite, contigu aux Invalides, se nomme **square Santiago-du-Chili** (1865). Faire le tour de ses 3300 m2 pour y admirer ses grands arbres, dont les platanes d'Orient centenaires et le buste de Saint-Exupéry.

Ressortir et longer les fossés Nord des Invalides, dont la terrasse est ornée des canons pris au roi de Prusse Frédéric II. Admirer la vue sur l'hôtel des Invalides et sa majestueuse façade, œuvre de Libéral Bruant (1670). Regarder aussi vers le Nord : au-delà de la vaste esplanade se profile le pont Alexandre III, suivi du Grand-Palais et du Petit-Palais, perspective close par les jardins des Champs-Elysées.

Pénétrer dans le **square d'Ajaccio.** Créé par Alphand en 1865, il est peuplé de grands arbres, à travers

Situation
7e arrondissement

M métro de départ : Saint-François-Xavier (ligne 13)

métro d'arrivée : Sèvres-Babylone (lignes 10, 12)

À voir

Parcs et jardins

- jardin de l'Intendant
- jardin Catherine-Labouré
- square Chaise-Récamier
- square Boucicaut
- square des Missions étrangères
- square d'Ajaccio
- square Santiago-du-Chili

Autres sites

- place Vauban
- églises Saint-Louis et du Dôme
- esplanade des Invalides
- musée de l'Armée
- musée de l'ordre de la Libération
- musée Rodin
- musée Maillol
- musée d'Orsay
- maison de la Légion d'honneur
- La Pagode
- chapelle de la Médaille miraculeuse
- hôtel Matignon

lesquels se profile le dôme des Invalides. Un magnolia déverse alentour ses essences parfumées à l'arrivée du printemps. Trois statues en bronze complètent le décor de ce square de 4500 m2.

Square d'Ajaccio. *Photo C.M.*

❹ Traverser le boulevard des Invalides *(métro Varenne)* et tourner plus loin dans la rue de Varenne, le long du **jardin du musée Rodin** : 2,8 hectares à découvrir. On aperçoit parmi les nombreuses statues d'Auguste Rodin celles du Penseur et des Bourgeois de Calais. Tourner à droite dans la rue Barbet-de-Jouy, bordée de beaux immeubles occupés notamment par les ambassades de Suède et de Tunisie. Déboucher sur la rue de Babylone.

❺ Avant de prendre à gauche la rue de Babylone, aller voir à droite le cinéma La Pagode et son petit jardin japonais. (A la fin du 19e siècle, le docteur Morin, un des trois directeurs du magasin Le Bon-Marché et successeur d'Aristide Boucicaut, le fondateur du grand magasin, fit venir du Japon cette pagode authentique, pour reconquérir l'amour de sa femme infidèle ; seuls les vitraux et les céramiques de façade furent fabriqués en France).
Passée la caserne Babylone de la Garde républicaine à droite, au-delà la rue Vaneau, observer à gauche les frondaisons de l'hôtel Matignon qui, avec ses 3,2 hectares, est le plus grand parc privé de Paris !

En face, pénétrer dans le **jardin Catherine-Labouré** (7400 m2).
En sortant, reprendre la rue de Babylone et tourner à gauche dans la rue du Bac. Entrer à droite dans le **square des Missions-Etrangères** (4000 m2), face aux immeubles jumeaux de cette institution.
Le buste de Chateaubriand à la romantique chevelure préside aux jeux d'enfants de ce paisible **square des Missions-Etrangères**. Chateaubriand vécut dix ans au 120 rue du Bac, en face du jardin où il lisait à des amis

ses *Mémoires d'outre-tombe*, dans l'hôtel de Clermont-Tonnerre, jusqu'à sa mort en 1848. Il passait le plus clair de son temps à l'Abbaye-aux-Bois. Ce monastère était situé à l'emplacement des actuels rue et square Récamier.
Ressortir à l'autre extrémité par la rue de la Planche, qui aboutit à la rue de Varenne près de son débouché sur le boulevard Raspail ; prendre ce dernier à droite.
Prendre la rue Chomel à droite et pénétrer dans le **square Boucicaut** (7 200 m2).

Il honore le créateur du célèbre grand magasin du Bon Marché, un magasin de nouveautés créé à Paris en 1876, qui s'élève en face du jardin ; c'est Gustave Eiffel qui réalisa sa charpente métallique... Les balustrades en fer forgé du premier étage et les verrières sont d'époque.
Une imposante statue de marbre blanc rappelle les actions charitables de la pieuse madame Boucicaut et de son amie la baronne de Hirsch.

❻ Traverser le jardin, puis le boulevard Raspail *(métro Sèvres-Babylone)*, reprendre en face le trottoir de gauche de la rue de Sèvres et pénétrer par la rue Récamier dans le petit **square Chaise-Récamier** (1 500 m2), caché tout au fond de l'impasse ❼.

Son nom nous rappelle Madame Récamier : elle vécut trente ans, jusqu'à sa mort, derrière les murs de l'Abbaye-aux-Bois. Madame Récamier s'y retira pour vivre une retraite relative, puisque le tout-Paris se pressait pour admirer la beauté et l'esprit de celle qui animait le salon le plus prisé de la capitale.
Aujourd'hui, un figuier vous accueille à l'entrée, avec un hêtre pleureur, des charmes et une multitude de plantes : magnolia, genêt, chèvrefeuille... Près du bassin en cascade, vous apercevrez peut-être un minuscule oiseau : l'accenteur mouchet qui ressemble au moineau.
Rebrousser chemin jusqu'au métro Sèvres-Babylone ❻.

Jardins de couvent

Le **jardin Catherine-Labouré**, ouvert au public grâce à la générosité des sœurs de Saint-Vincent-de-Paul sur une partie de leur potager, initie les enfants du quartier aux joies du jardinage. Une pergola recouverte par la vigne et des arbres fruitiers lui donnent des allures de verger.
Les sœurs ont gardé intact leur couvent depuis 1633. La chapelle de la Médaille Miraculeuse, au 140 rue du Bac, aurait été le théâtre de cinq apparitions de la Vierge à Catherine Labouré, en 1830. Depuis, des cars venus du monde entier déversent leurs flots de pèlerins. Les corps embaumés de la fondatrice du couvent, Louise de Marillac, et de Catherine Labouré gisent dans leurs cercueils de verre de part et d'autre de l'autel.

250 m
12e
11e
20e
19e
10e
3e
Place de la Nation
Nation
RER
Lycée Arago
Lycée tech. Boulle
Diderot
Boulevard Diderot
Daumesnil
Hôpital St-Antoine
Faidherbe Chaligny
Rue du Faubourg St-Antoine
Rue de Charenton
Rue de Reuilly
Rue de Picpus
Rue du Sergent Bauchat
Mairie du XIIe
Rue de Montreuil
Rue des Immeubles Industriels
Boulets Montreuil
Rue des Boulets
R. Guénot
Pass. Guénot
Pas. Dumas
R. Voltaire
Jardin de la Cité Beauharnais
Lycée tech. Dorian
Av. Philippe Auguste
Rue de Nice
Rue de la Petite Pierre
R. Neuve des Boulets
Rue Émile Lepeu
Rue de Charonne
Charonne
Pas. Courtois
Rue Léon Frot
Rue Folie-Regnault
Rue Maillard
Square de la Folie-Regnault
Square Delaunay
Boulevard de Charonne
Avron
Buzenval
Maraîchers
Alexandre Dumas
Rue Alexandre Dumas
Rue de Bagnolet
Rue des Pyrénées
Place de la Réunion
Rue de la Réunion
Rue Planchat
Rue Orteaux
Philippe Auguste
Cimetière du Père-Lachaise
Avenue Gambetta
Père Lachaise
Bd de Ménilmontant
Square de la Roquette
Rue de la Roquette
Rue Pétion
Rue Saint-Maur
Rue Duranti
Rue Servan
Rue du Chemin Vert
Rue Rochebrune
Rue du Morvan
Square M. Gardette
Rue Lacharrière
Voltaire
Boulevard Voltaire
Rue Richard Lenoir
Rue G. Cavaignac
Avenue Ledru-Rollin
Ledru Rollin
Rue Keller
Mairie du XIe
Rue Popincourt
Rue Sedaine
Rue Bréguet
Rue Froment
Rue de la Roquette
Opéra Bastille
Bastille
Place de la Bastille
Hôpital des Quinze-Vingts
Lycée Voltaire
Rue de Ménilmontant
Ménilmontant
Avenue de la République
Rue Oberkampf
Rue Pasteur
St-Ambroise
Pas. Chemin Vert
R. de l'Asile Popincourt
Rue Moufle
Bd Richard Lenoir
Richard Lenoir
Bréguet Sabin
Chemin Vert
Hôtel Mansart
Pl des Vosges
Rue Saint-Sébastien
Rue Amelot
Passage St Pierre Amelot
St-Sébastien Froissart
Boulevard Beaumarchais
Lycée V. Hugo
Musée Carnavalet
Musée Picasso
R. Vieille du Temple
Hôtel de Rohan
Archives Nationales
Parc de Belleville
Bd de Belleville
Rue Timbaud
Rue Fontaine au Roi
Rue Jean-Pierre
Parmentier
Avenue Parmentier
Rue de la Folie-Méricourt
Rue de Malte
Bd Jules Ferry
Filles-du-Calvaire
Rue de Turenne
Rue de Bretagne
Carreau du Temple
Mairie du IIIe
Rue des Archives
Rue du Temple
Belleville
Rue de Belleville
Rue du Faubourg du Temple
Goncourt
Bd de la Villette
Av. Simon Bolivar
Av. Claude Vellefaux
Hôpital St-Louis
Quai de Jemmapes
Quai de Valmy
Rue Léon Jouhaux
Rue Dieu
Rue Yves Toudic
Rue A. Thomas
République
Place de la République
Boulevard Magenta
Rue du Faubourg du Temple
Temple
Rue de Turbigo
Rue Réaumur
Rue des Gravilliers
Arts-et-Métiers
Cons. des Arts et Métiers
Bd St-Martin
1
2
3
4
5
6

De la Nation à la République

Fiche pratique **23**

2 h 30
6 Km

Des espaces verts tranquilles à l'écart des grands défilés sur les boulevards et les avenues de l'Est parisien… De la barrière du Trône (enceinte fiscale des Fermiers Généraux) à la porte du Temple (enceinte fortifiée des rois Charles V et Louis XIII), cette promenade vous fera retrouver l'aspect champêtre qu'avait le 11e arrondissement du temps de la royauté.

❶ Du métro Nation, choisir la sortie boulevard Voltaire, sur la place de la Nation *(voir page 136)*. Elle fut traitée comme une place royale pour faire pendant à la place de l'Etoile de l'Ouest parisien. La place de la Nation, circulaire, recueille un grand nombre de voies convergentes, anciennes ou haussmanniennes : en tournant vers le Nord puis vers l'Est, les avenues Philippe-Auguste, de Bouvines, de Taillebourg, du Trône et du Bel-Air, la rue Fabre-d'Eglantine, l'avenue Dorian, le boulevard Diderot, la rue du Faubourg-Saint-Antoine et le boulevard Voltaire.
Prendre sur la droite la rue du Faubourg-Saint-Antoine, observer de l'autre côté de la rue l'orphelinat Eugène-Napoléon, voulu par l'impératrice Eugénie, en remplacement du collier que la Ville de Paris comptait lui offrir pour son mariage, et prendre à droite la rue des Immeubles Industriels. Il existe toujours des bâtiments d'aspect uniforme, regroupant ateliers et logements ; l'énergie était fournie par une usine incorporée aux bâtiments.
Traverser le boulevard Voltaire, prendre sur la gauche l'étroite rue Guénot et traverser le **jardin de l'impasse des Jardiniers** qui s'étend sur 4800 m2 *(près du métro Boulets-Montreuil).*

❷ Ressortir par le passage Dumas à droite ; de la rue Voltaire, emprunter à gauche l'avenue Philippe-Auguste puis la rue Alexandre-Dumas jusqu'au passage du Bureau. Celui-ci conduit à un espace vert récemment aménagé : le **square Robert et Sonia Delaunay.** Après sa visite, reprendre le passage du Bureau jusqu'à la rue de Charonne *(métro Alexandre-Dumas).*
Descendre la rue de Charonne à gauche, couper l'avenue Philippe-Auguste et prendre à gauche la rue de Nice qui mène au **jardin de la cité Beauharnais** *(voir page 136).*
Repartir par la rue de la Petite-Pierre, ramenant à la rue

Situation
11e arrondissement

M / RER — métro ou RER de départ : Nation (lignes 1, 2, 6, 9 ; RER A)
métro d'arrivée : République (lignes 3, 5, 8, 9, 11)

À voir

Parcs et jardins

- jardin de l'impasse des Jardiniers
- square Robert et Sonia Delaunay
- jardin de la cité Beauharnais
- jardins de Charonne
- square de la Roquette
- square Eugène-Varlin
- square des Récollets
- square Frédérick-Lemaître
- square Maurice-Gardette
- jardin Emile-Gallé
- promenade Richard-Lenoir
- canal Saint-Martin

Autres sites

- place de la Nation
- place de la République
- musée Edith-Piaf
- église et cimetière Sainte-Marguerite

de Charonne, devant l'emplacement de la clinique du Docteur Belhomme qui servit de refuge pendant la Révolution à des suspects fortunés.
Continuer à gauche par la rue de Charonne jusqu'à la rue Léon-Frot que l'on emprunte à droite. Cette rue (appelée auparavant rue Saint-Denis) est une artère très ancienne qui reliait les deux grandes abbayes de Saint-Denis et de Saint-Maur. Dans sa partie subsistante, depuis l'hôpital Saint-Louis, elle s'appelle successivement Saint-Maur, Léon-Frot, des Boulets et de Picpus.

❸ A l'angle de la rue Emile-Lepeu (*à proximité du métro Charonne*), remarquer une curiosité : le pied de vigne plantée par un restaurateur en 1977 : le cépage *Baco* provient d'une vigne de Bozouls dans l'Aveyron.
Remonter la rue Léon-Frot et prendre à droite le passage Courtois. Remarquer à son extrémité le beau portail classique, seul souvenir de la Folie du négociant Regnault de Wandonne, située 188 rue de la Roquette et qui s'étendait sur toute une partie de l'actuel cimetière du Père-Lachaise. Le passage Courtois vire à gauche jusqu'à la rue de la Folie-Regnault que l'on prend à gauche.
Tourner rapidement dans la rue de la Croix-Faubin qui débouche rue de la Roquette, face à l'entrée de l'ancienne prison. A son extrémité, les cinq dalles sur lesquelles était érigée la guillotine.

❹ Entrer dans le **square de la Roquette** *(voir page 137).*
Sortir sur la rue Servan sur la droite; prendre les rues Duranti à gauche, Saint-Maur à droite et Rochebrune à gauche, pour atteindre le joli **square Maurice-Gardette** (9 500 m2) qui a succédé en 1872 aux abattoirs de Ménilmontant.
Prenez le temps de le traverser, vous y découvrirez un kiosque à musique et de très beaux massifs de plantes vivaces, comme des roses trémières, des asters ou des iris, ainsi que trois noisetiers de Byzance, qui ressemblent aux noisetiers classiques, mais dont la hauteur en fait des arbres majestueux. Une statue du Botteleur de Jacques Perrin doit son nom au verbe « botteler », lier en bottes, et représente un paysan au travail dans les champs.
Sortir à gauche et rejoindre la rue Lacharrière et longer l'église Saint-Ambroise aux deux flèches édifiées en style médiéval par Ballu qui avait déjà réalisé la Trinité *(métro Saint-Ambroise).*

❺ Traverser le petit square devant l'église, puis le boulevard Voltaire et prendre à gauche la rue Popincourt. Sous une voûte, prendre à droite le passage de l'Asile, puis le passage du Chemin-Vert à droite et la rue de l'Asile-Popincourt jusqu'à la rue Moufle, qui débouche sur le boulevard Richard-Lenoir, face à une construction datant du 13e siècle.
Emprunter le boulevard Richard-Lenoir sur la droite. Ce boulevard (dont le nom évoque deux industriels qui avaient une usine à proximité) et le boulevard Jules-Ferry qui le suit couvrent le tronçon souterrain du **canal Saint-Martin** *(voir page 137)*, courant de la Bastille à la rue du Faubourg-du-Temple. Aller jusqu'à la rue du Faubourg-du-Temple, au-delà de laquelle le canal revient à l'air libre. L'écluse est entourée du **square Frédérick-Lemaître** orné de la statue de l'acteur. A l'extrémité du boulevard Jules-Ferry, se situe la statue de la Grisette : une ouvrière typique du Paris de 1830, ici une vendeuse de roses.
Prendre la rue du Faubourg-du-Temple à gauche, jusqu'à la place de la République *(voir page 136)*.

Promenade Richard-Lenoir. *Photo C.M.*

La place de la Nation

Photo DPJEV.

Le grand axe Sud-Est de Paris passe par la rue du Faubourg-Saint-Antoine (venant de la Bastille), se prolonge par l'avenue du Trône puis par le cours de Vincennes, au-delà des deux colonnes surmontant les pavillons érigés par Ledoux à la veille de la Révolution. Le mur d'octroi des Fermiers Généraux passait légèrement à l'Est (actuels boulevards de Charonne et de Picpus).

Nommée à l'origine place du Trône (un trône monumental y avait été installé pour commémorer l'accueil triomphal à Paris par le peuple de Louis XIV et de sa jeune épouse, l'infante Marie-Thérèse d'Espagne), la place devint un des emplacements de la guillotine pendant la Terreur et fut rebaptisée place du Trône renversé.

Le nom de « Nation » réconcilia enfin les esprits. Une belle statue de la République sculptée par Dalou occupe le centre de la place.

La place de la République

Ancienne place du Château-d'Eau, elle est constituée d'un gigantesque carrefour formé par les boulevards Saint-Martin, Magenta, la rue du Faubourg-du-Temple, l'avenue de la République, les boulevards Voltaire et du Temple et la rue du Temple. Elle comporte deux espaces verts : le **square Henri-Christiné** (2 165 m2) à l'Ouest et le square de la **place de la République** (2433 m2) à l'Est.

Sur le rond-point central, trône la gigantesque statue de la République, édifiée pour le centenaire de la Révolution par les frères Morice, inaugurée en 1883. Elle est encadrée des statues de la Liberté, de l'Egalité, de la Fraternité et d'un lion, ainsi que de 12 bas-reliefs en bronze de Dalou racontant les grandes heures de la Révolution. L'aménagement actuel de la place, décidé par Haussmann dès 1854, fut achevé en 1863.

Le jardin de la cité Beauharnais

Depuis 1986, ses 5 750 m2 donnent un nouveau souffle à cette cité de tradition artisanale. En 1983, le quartier, devenu insalubre, fut réhabilité et le jardin occupa la place d'une ancienne remise de fiacres. Un imposant cadran solaire (l'un des sept plus grands d'Europe avec un diamètre de 18 m) et des gradins entourés de dix sculptures (Daniel Bry) symbolisant les civilisations anciennes marquent les heures, de 8 h à 17 h. Quatre allées représentant quatre fonctions s'en échappent vers divers paysages, plantes grimpantes et arbres exotiques : sophora du Japon, liquidambar dont la résine calmerait les voies respiratoires…

Le square de la Roquette

Son nom rappelle celui de la famille Roquet de la Tribouille, propriétaire d'un hôtel particulier qui était accolé au jardin actuel. La célèbre prison de la Petite-Roquette prit place à l'emplacement du couvent des Hospitalières de la Roquette en 1836. Réalisée par l'architecte Hippolyte Lebas (également constructeur de l'église Notre-Dame-de-Lorette), elle était considérée comme un modèle du genre. Forteresse imprenable, elle servit de prison pour femmes et pour jeunes délinquants. Une plaque évoque le souvenir des prisonniers politiques, au destin le plus souvent tragique, qui vécurent là de 1940 à 1944. La prison resta en service jusqu'en 1973, puis fut démolie un an plus tard. A l'entrée du jardin, rue de la Roquette, le porche avec deux guérites de la prison a été conservé et intégré dans l'architecture du jardin ; il accueille les promeneurs qui pénètrent dans l'enceinte du jardin.
Aujourd'hui, le jardin (1 900 m2) possède de magnifiques parterres de plantes à bulbes, notamment des iris, qui entourent une fontaine en cascade, moderne et majestueuse. Au détour de ses allées sinueuses, vous découvrirez deux belvédères qui offrent une belle vue sur l'ensemble du jardin.

Le canal Saint-Martin

Un charme nostalgique… Décidé par Bonaparte et creusé pendant la Restauration, le canal prolonge le canal de l'Ourcq et rejoint la Seine. Il a été couvert par Hausmann ; à la place des anciens quais, un vaste boulevard comprend une série de jardins. Le square Eugène-Varlin, le square des Récollets et le square Frédérick-Lemaître sont situés de part et d'autre du canal depuis 1891 ; leur conception a imposé l'usage de jolies passerelles en fer qu'il faut emprunter pour parcourir l'ensemble de chaque jardin. Les platanes sont le refuge des grimpereaux des jardins, que l'on retrouve dans les parcs parisiens et au bord de la Seine. Quais de Valmy et de Jemmapes, eaux calmes du canal, bancs ombragés par des peupliers d'Italie, vieux ponts, pêcheurs et mariniers en font une promenade originale. Qui franchit la passerelle de l'hôtel du Nord entend encore résonner la voix d'Arletty : « atmosphère, atmosphère… ».

Sas entre deux écluses.
Photo C.M.

Le Parc floral de Paris

Photo DPJEV.

Installé dans le bois de Vincennes, il fut aménagé en 1969, pour les troisièmes Floralies internationales, par le paysagiste Daniel Colin : creusement de lacs, création d'îles, plantations rares... Ce bois était déjà cher à Saint Louis, particulièrement ses chênes. Cet immense parc paysager de 28 hectares permet de découvrir une pinède, une chênaie, une vallée des fleurs... Une fontaine alimente en eau jardins aquatiques, roseraie, bambous, iris, dahlias. Il ne faut pas manquer la collection de rhododendrons et d'azalées dans la pinède, et la floraison des bulbes au printemps. Tout l'été, le Parc floral offre un festival de jazz le samedi, de musique classique le dimanche, et des spectacles pour enfants le mercredi.

Le Parc zoologique de Paris

S'étendant sur 14 hectares, le zoo de Vincennes fera découvrir aux petits et aux grands 1 200 animaux sauvages : lions, éléphants, girafes... Certains sont très rares comme le panda, le aye-aye, le cerf d'Eld. Ce parc est géré par le Museum national d'histoire naturelle, qui y effectue également des recherches sur la protection des animaux.

Liquidambar *Photo DPJEV.*

Le parc de Bagatelle

Jardin des Présentateurs. *Photo DPJEV.*

Résultat d'un pari entre Marie-Antoinette et le Comte d'Artois, cette bagatelle surgit de terre en 64 jours. Situés dans le bois de Boulogne, le parc et le château échappèrent de justesse aux destructions de la Révolution. Ils furent rachetés par la ville en 1905. Rénové par J.-C.-N. Forestier, le conservateur des jardins de Paris, le parc est surtout célèbre pour sa roseraie (9 000 rosiers) et son concours de roses, dont le premier eut lieu en 1907. A Bagatelle se côtoient des styles de jardins très différents, des arbres remarquables, des plantes aquatiques, un jardin des iris, un jardin des plantes vivaces, des magnolias, des camélias où de magnifiques paons évoluent en liberté. Des expositions horticoles sont présentées chaque année à l'Orangerie ou au jardin des Présentateurs.

Jardin Shakespeare et Pré-Catelan

Un théâtre de verdure : le jardin Shakespeare est divisé en cinq parties dont l'aménagement reflète l'atmosphère de cinq pièces de Shakespeare.
Le jardin du Pré-Catalan, qui abrite le jardin Shakespeare, est une belle réussite du second empire. Ses allées ombragées d'arbres magnifiques se prêtent à la rêverie : araucaria, magnolia grandiflora et un séquoia planté en 1872.

Feuille d'érable. *Photo C.M.*

BIBLIOGRAPHIE ET CARTOGRAPHIE

Livres et revues

- *Les Jardins* de Michel Baridon, Ed. Robert Laffont (1998).
- *Le temps des jardins*, publié par le Conseil général de Seine-et-Marne et le Comité départemental du patrimoine (1992).
- *L'histoire des plantes et des jardins* de Pénélope Hobhouse, Ed. Bordas (1994).
- *Petits jardins à la française* de Roy Strong, Ed. du Chêne (1990).
- *Tous les jardins du monde* de Gabrielle Van Zuylen, Ed. Découvertes Gallimard (1994).
- *Parcs et jardins contemporains* de Jean-Paul Pigeat, Ed. La Maison Rustique (1990).
- *Guide des 400 jardins de Paris* de Jacques Barozzi, Ed. Hervas (1992).
- *Guide des oiseaux de Paris* de Guilhem Lessaffre, Ed. Parigramme (1997).
- Les publications de la Direction Générale de l'Information et de la Communication de la Mairie de Paris.
- Les articles du mensuel gratuit *A Paris*.
- La revue *Muséart* n° 92 (mai 1999).
- L'hebdomadaire *Rustica*.
- La revue *Jardins de France* (publiée par la Société Nationale d'Horticulture de France 84, rue de Grenelle 75007 Paris. Tél. 01 44 39 78 78).
- *Dictionnaire historique des rues de Paris* de Jacques Hillairet, Ed. de Minuit (1979).

Cartes

- Plan IGN de Paris,
- Plan Michelin de Paris.

Topo-guides de randonnée dans Paris

- GR® de Pays *Paris à pied* (réf. 075),
- *Collines et villages de Paris à pied* (réf. VI03),
- *Les sentiers de la Seine dans Paris* (réf. VI06).
- *A pied en famille : A Paris et en Ile de France* (réf. F018).

- Pour connaître la liste des autres Topo-guides de la Fédération, se reporter au catalogue disponible au Centre d'information *(infos pratiques p. 13)*.

REALISATION

La sélection et la description des circuits ont été réalisées par le Comité départemental de la randonnée pédestre de Paris (Patrick Dauphin et Roger Perrier).

Les textes thématiques de découverte du patrimoine naturel et culturel ont été écrits par Aurélia Keilany (Mairie de Paris, Direction des Parcs, Jardins et Espaces Verts) avec la participation de Patrick Dauphin et de Brigitte Arnaud.

La mise à jour de cette édition a été réalisée par Philippe Dangeville, du Comité départemental de la randonnée pédestre de Paris.

Remerciements à Jean-Charles Petitpierre, Roseline Manière, Claude Frison, Antoine Cassard, Marianne Brault, Catherine Bourgoin, Anne-Marie Noblet.

Les photographies proviennent de la Mairie de Paris (Direction des Parcs, Jardins et Espaces Verts ©DPJEV/Dany Gander-Gosse & Jean-Pierre Cantournet photographes), de Christophe Marcouly (CM) et de Nicolas Vincent (NV).

Cartographie : Envol Cartographie/Claude Harmelle. Mises à jour cartographiques : Olivier Cariot.
La toponymie des rues de Paris s'appuie, pour partie, sur un fichier numérique gracieusement mis à disposition par le Service technique de documentation foncière de la Ville de Paris : mis à jour et correction Envol Cartographie.

Montage du projet et direction des collections et des éditions : Dominique Gengembre. **Assistant développement** : Patrice Souc. **Production éditoriale** : Isabelle Lethiec. **Secrétariat d'édition** : Philippe Lambert, Marie Fourmaux. **Couverture** : Olivier Cariot. **Suivi de la fabrication** : Jérôme Bazin, Céline Lépine, Caroline Le Guen. **Lecture et corrections** : Anne-Marie Minvielle, Hélène Pagot, Gérard Peter, Michèle Rumeau. **Design de couverture** : Sarbacane Design.

Réalisation éditoriale : Atelier Brigitte Arnaud (coordination, rédaction-correction, recherche iconographique, mise en page d'Elisabeth Fally).

Cette opération a été réalisée avec le concours de la Mairie de Paris.

INDEX DES ESPACES VERTS

3e édition - août 2007

ISBN 978-2-7514-0146-6
Dépôt légal : août 2007
Compogravure : MCP, Orléans
Achevé d'imprimer en France sur les presses d'Oberthur Graphique, Rennes